Meiner lieben Frau, unseren vier Söhnen, unseren Schwiegerkindern sowie ihrer Nachkommenschaft in Verbundenheit gewidmet. Ein besonderer Dank gebührt unserem Enkel Victor.

<u>Luftwaffenhelfer:</u>

# Eine aussterbende Generation

Deutsche "Kinder-Soldaten" im Einsatz -
Ein Zeitzeuge berichtet und dokumentiert

## von Hasso Pacyna

Dezember 2017

## Kleiner Kompass zum Inhalt dieses Buches:

Als Anfang 1943 die Stadt Stalingrad von sowjetischen Truppen unter beiderseitigen hohen Verlusten zurückerobert werden konnte und damit eine Umkehr der zunächst erfolgreichen Feldzüge des „Dritten Reiches" eingeleitet wurde, ordnete Adolf Hitler als Oberbefehlshaber der Wehrmacht an, dass die Luftwaffe 120.000 Soldaten an die bedrängte Ostfront zu entsenden habe, um die dort hohe Zahl an Toten und Verwundeten zu ersetzen. Doch wo sollte der Ersatz hergenommen werden? Alle Führungskräfte des NS-Regimes waren selbstverständlich sofort bemüht, diesen Befehl des Führers auszuführen. Jeder wollte möglichst schnell den Vollzug vermelden können.

### Jeder deutsche Mann verpflichtet

Der Oberbefehlshaber der Luftwaffe, Reichsmarschall Hermann Göring, schlug sofort vor, Schüler der höheren und mittleren Schulen einzuziehen, soweit sie das 15. Lebensjahr vollendet hätten. Schließlich war schon im Wehrgesetz vom 21. Mai 1935 festgelegt worden, dass im Kriege über die allgemeine Wehrpflicht hinaus jeder deutsche Mann und jede deutsche Frau zur Dienstleistung für das Vaterland verpflichtet ist. In der bereits vor Kriegsbeginn erlassenen Notstandsverordnung vom 15. Oktober 1938 präzisierte der Gesetzgeber, dass zur Bekämpfung öffentlicher Notstände Bewohner des Reichsgebietes für eine begrenzte Zeit zu Notstandsdiensten herangezogen werden können. Über ein Mindestalter war allerdings damals nicht debattiert worden.

Doch dieser Vorschlag vom Reichsmarschall stieß keineswegs überall auf Gegenliebe. Einwände kamen insbesondere von Reichserziehungsminister Bernhard Rust, der zu bedenken gab, dass durch die geplante Maßnahme Tausende junger Menschen den Facharbeiter- und den akademischen Berufen verloren gingen. Er wog die Vorteile und die Nachteile eines solchen Schrittes gegeneinander auf und wies auf die deprimierende Wirkung hin, die eine solche Regelung nicht nur auf die Eltern, sondern auch auf die gesamte Bevölkerung haben würde. Selbst der Chef der Reichskanzlei, Martin Bormann, lehnte das Vorhaben zunächst ab, befürchtete er doch, dass die überstürzte Einziehung von Jugendlichen auf die Feinde und das neutrale Ausland wie ein Fanal wirken werde.

Dennoch erließ das Reichsinnenministerium in Absprache mit Göring, Rust, Bormann und der Führung der Hitler-Jugend (HJ) am 25. Januar 1943 die Anordnung zum „Kriegshilfseinsatz der deutschen Jugend in der Luftwaffe". Nun meldete sich auch der Oberbefehlshaber der Kriegsmarine, Großadmiral Karl Dönitz, zu Wort. Er wollte ebenfalls über ein Schülerkontingent für seine Marine-Flak verfügen können. Und so kamen schnell zu den Luftwaffenhelfern die Marinehelfer hinzu. Bereits Mitte Februar 1943 wurden die ersten Schüler der Jahrgänge 1926 und 1927 eingezogen.

**Noch im KLV-Lager**

Für mich und meine Klassenkameraden war die Einberufung zu diesem Kriegshilfseinsatz zur Luftwaffe zunächst kein Thema. Sie lag damals aus unserer Sicht in „weiter Ferne". Wir waren mit vielem anderem beschäftigt. Ich selbst lebte die ersten sechs Monate des Jahres 1943 wie die meisten von uns in Berlin, wanderten unzählige Male in den Luftschutzkeller, sammelte mit großem Eifer Splitter von Flak-Granaten und Bomben, erlebte den Brand in unserer Wohnung, der von einer Phosphor-Bombe ausgelöst worden war, wurde gemeinsam mit meiner Schwester Barbara und meinem Bruder Heiko konfirmiert und ging Anfang Juli erneut auf Ernteeinsatz, und zwar auf das Gut Gutow bei Ostrowo – heute Ostrow Wielkopolki/Polen. Von dort aus fuhr ich etwa Mitte August direkt in das neue Kinderlandverschickungslager (KLV) der Berliner Treitschke-Schule, das in der Landwirtschafts-Schule in Waly bei Kutno – auf halber Strecke zwischen Posen und Warschau gelegen – eingerichtet worden war.

Als Ende 1943 für die Schüler des Jahrganges 1928 der Treitschke-Schule aus Berlin-Wilmersdorf die Einberufungsbefehle zum Dienst als Luftwaffenhelfer eintrafen, befanden wir uns also noch auf Kinderlandverschickung. Und kaum einer von uns haderte mit seinem Schicksal, obwohl wir allesamt erst 15 Jahre alt waren. Wir waren Schüler der 6. Klasse unserer Oberschule, der Untersekunda also, was dem heutigen 10. Schuljahr entspricht. Am 10. Januar 1944 sollten wir unseren Dienst in unserer Heimatstadt antreten, in deren Umgebung wir eingesetzt werden sollten.

## „Gnadenfrist" in Neuruppin

Geschlossen brachen wir nach Berlin auf, nachdem wir uns mit einem gemütlichen Abend von unseren zurückbleibenden Kameraden verabschiedet hatten. An diesem Abend nahm auch eine Gruppe von Mädchen teil, die in der Landwirtschaftsschule Waly eine Fortbildung absolvierte. Dabei bot sich Ruth Fischer an, mir dann als Luftwaffenhelfer zu schreiben, und gab mir ihre Adresse.

Während dann die meisten von uns in Berlin blieben, reiste ich, da ich dort keine Bleibe mehr hatte, nach Neuruppin weiter. Dorthin war die Dienststelle meines Vaters ausgelagert worden, dort wohnten meine Eltern, die im August 1943 nicht nur ihre große Wohnung, sondern auch ihr ganzes Hab und Gut verloren hatten, in einem möblierten Zimmer. Hier erreichte mich dann auch die Nachricht, dass sich unser Einzugstermin auf den 26. Januar verzögere, da die Batterie, bei der wir Dienst leisten sollten, noch nicht in Berlin eingetroffen sei. Uns wurde also gewissermaßen eine „Gnadenfrist" gewährt, die jeder auf seine Art nutzte beziehungsweise genoss. Das Zeugnis der Treitschke-Schule, Berlin-Wilmersdorf, über das erste Trimester des Schuljahres 1943/44 (Doku 1) wurde uns nachgereicht.

Ich selbst fuhr in dieser Zeit oftmals von Neuruppin aus nach Berlin-Wilmersdorf, wo ich in den Überresten des Hauses Prinzregentenstraße Nr. 5 nach für unsere Familie Wertvollem Ausschau hielt. Da der hintere Treppenaufgang zu unserer Wohnung in der vierten Etage stehengeblieben war, gelang es mir, die Wohnungstür zu öffnen und in die Küche vorzudringen. Deren Decke hing schräg herunter, die Balken waren an der Seite zum Treppenhaus oben hängen geblieben und hatten ein „Dach" über dem Küchenschrank und dem Kühlschrank gebildet.

**Reiche Beute**

Ich kroch unter den Balken zum Schrank und konnte dort noch heiles Geschirr und auch Töpfe bergen. Der Rucksack wurde gefüllt, und mit reicher Ausbeute fuhr ich nach Neuruppin zurück. Diese Unternehmungen brauchten aber viel Zeit. Sie waren in einem Tag nicht immer zu schaffen. So übernachtete ich mehrfach bei meinem Klassenkameraden und Freund Horst Drewitz, dessen Eltern in einer noch heilen Wohnung in Berlin-Friedenau lebten.

Natürlich besuchte ich in dieser Zeit auch ein paarmal die Eltern meiner Mutter, also meine Großeltern, die in der Bamberger Straße in Berlin-Schöneberg wohnten. Sie wollten unbedingt in ihrer Wohnung bleiben, obwohl ihr Alltagsleben durch die unzähligen Alarme sehr gestört wurde. Immer und immer wieder mussten meine betagten Großeltern den Luftschutzkeller aufsuchen. An die ihnen eigent-

4

lich zustehende Altersruhe konnten sie nicht denken. Ihre Nerven waren stets angespannt.

## Dienstantritt in Blumeshof

Gemeinsam mit vielen Klassenkameraden von der Treitschke-Schule trat ich am 26. Januar 1944 meinen Dienst als Luftwaffenhelfer an. Der Klassenverband sollte unbedingt aufrechterhalten werden. Schließlich hatte man uns zugesagt, dass nach unserer Grundausbildung der Unterricht wieder aufgenommen werde. Pünktlich meldeten wir „Neulinge" uns auf dem Gelände unserer Batterie und wurden von einem Unteroffizier in Empfang genommen. Es ging alles ohne Hektik, aber auch ohne Begeisterung. An Girlanden, Willkommensschilder oder anderen Firlefanz kann ich mich beim besten Willen nicht erinnern. Wir wurden in unsere künftige Unterkunft geleitet. Dort wies man uns unsere Betten und Spinde an.

Wir waren bei der 1. Batterie der schweren Flak-Abteilung 217 gelandet, die aus Königsberg in Ostpreußen in die Reichshauptstadt verlegt worden war. Diese Batterie, die mit sechs 8,8 cm Flak-Geschützen auf Kreuzlafette ausgerüstet war, lag in Blumeshof unmittelbar am Tegeler See. In dieser Batterie taten seit Mitte 1943 Luftwaffenhelfer des Jahrganges 1927 aus Königsberg ihren Dienst. Sie waren

mit nach Berlin gekommen, um die Feuerbereitschaft der Batterie während unserer Ausbildungszeit aufrecht zu erhalten. Die Ausbildungszeit der „jungen Hüpfer" dauerte gar nicht lange, und so kehrten unsere ostpreußischen Kameraden nach wenigen Wochen in ihre Heimatstadt zurück. Die kurze gemeinsame Zeit reichte aber für mich aus, um Freundschaft mit Manfred Fischer zu schließen, welche die ganze Kriegszeit über zu einem regen Briefwechsel führte.

## Militärische Ordnung

Nachdem uns unser Batteriechef, Oberleutnant Erwin Ottermann, begrüßt hatte, wurden wir – wie bei der Einberufung zum Wehrdienst allgemein üblich – eingekleidet: vom Stahlhelm über Drillichzeug bis zu den Socken, vom Kochgeschirr über die Gasmaske bis zur Wolldecke, vom Essbesteck über die Butterdose bis zur Ausgehuniform. Wir schleppten unsere „Klamotten" zu unseren kleinen Wohnbaracken, die verstreut in einem lichten Kiefernwald lagen, und versuchten, alles zu verstauen. Das gelang uns auch mit Müh und Not, doch die Ordnung ließ in den Augen des Unteroffiziers, der uns eingewiesen hatte, noch schwer zu wünschen übrig. Wir mussten uns zweifellos erst an die militärische Ordnung gewöhnen. Und gut' Ding' braucht aber auch Weile!

Über der rechten Brusttasche unserer Ausgehuniform trugen wir Luftwaffenhelfer ein dreieckiges Stoffabzeichen, das über dem Luftwaffenadler die Großbuchstaben L H zeigte. Schnell wurden diese Großbuchstaben im Volksmund spöttisch als „Letzte Hoffnung" oder gar als „Letzte Hilfe" ausgelegt. Als letzte Hilfe fühlten sich zumindest die meisten von uns jungen Kerlen nun wirklich nicht. Angesichts der Tatsache, dass unsere Familie – wie bereits erwähnt – im August 1943 ihre so schöne große Wohnung und ihr gesamtes Hab und Gut ver-

# Das waren einige meiner Kameraden

| | | | |
|---|---|---|---|
| Horst Drewitz | Helmut Ey | Klaus Prescher | G. Stückmann |
| Ha. Jo. Rietenbach | Horst Petzold | Gerd Lohmann | Klaus Erlhoff |
| Dietwart Winkler | Klaus Ritscher | Dieter Göbel | Klaus Kosiedowski |
| Gerd Michaelis | Gerhard Sixtus | Manfred Fischer Königsberg/Ostpr. | Erhard Preißler Sebnitz/Sachsen |

 loren hatte, - anderen von uns war es ganz genau so ergangen – war zumindest ich hochmotiviert und durchaus gewillt, gegen die „Terrorbomber" der Alliierten anzutreten

Viele waren so wie ich bereit, tatkräftig in das Geschehen einzugreifen. Wir empfanden sogar einen gewissen Stolz, dabei zu sein, und hätten es als Schmach angesehen, etwa wegen körperlicher Schwächen nicht von der Luftwaffe angenommen worden zu sein. Endlich sollte die Zeit vorbei sein, in der wir in den Luftschutzkellern tatenlos den Bombenhagel über uns ergehen lassen mussten. Wir waren froh, nunmehr aktiv werden zu können. Übrigens: Wir Luftwaffenhelfer wurden ganz offiziell als „Lwh" abgekürzt.

**Wachtmeister statt Feldwebel**

Auch die „Mutter der Batterie", Hauptwachtmeister Heino Thöllstedt, ein Mensch, der uns von Anfang an sympathisch war, nahm sich sofort Zeit, um mit uns Kontakt aufzunehmen. Von seiner Schreibstube aus regelte er auch für uns alle Personalformalitäten, an denen es schon damals wahrlich nicht mangelte. Bei der Luftwaffe nannten sich alle Höherchargierten des Unteroffizierskorps Wachtmeister, im Gegensatz zu den Feldwebeln beim Heer. Sie waren die Träger eines Portepees, einer besonderen Quaste an Degen oder Säbel. Eingefleischte Militärkenner mögen mir hier die vielleicht dilettantische Ausdrucksweise verzeihen. Wie dem auch sei, wir bemühten uns redlich um die Gunst von unserem Hauptwachtmeister, der im Zivilberuf ein Gastwirt aus dem Oldenburgischen war. Auch in unserer Batterie musste man sich hüten, bei ihm in Ungnade zu fallen.

Sofort erhielten wir natürlich einen Personalausweis, der meine trug die Nummer 122. Links unten war das durch zwei Stempel gesicherte Passbild, rechts davon freie Felder für den in jedem Quartal nachzutragenden Zeitstempel (Doku 2/3). Oberhalb davon wurden Angaben zur Person festgehalten, wie Geburtstag und -ort, Haar- und Augenfarbe und auch besondere Kennzeichen. Es fehlte auch nicht das Datum des Dienstantritts. Dies alles war vom Batteriechef, Oberleutnant E. Ottermann, unterzeichnet. Auf der Rückseite standen dann allgemeine Bestimmungen, unter anderem auch der Hinweis, dass ein Luftwaffenhelfer diesen Ausweis stets in seiner Rocktasche bei sich zu tragen hat. Und so weiter, und so weiter!

Selbstverständlich bekam jeder von uns auch eine Erkennungsmarke. Meine Eingravierung auf der Blechplatte lautete: A 90 1/SCHW. FLAK ABT. 217. Das A war die Bezeichnung meiner Blutgruppe, 90 meine Personennummer. Diese „Hundemarke" – sie wurde an einer schwarzen Kordel ständig um den Hals getragen – behielt ich bis zum Ende des Krieges. Heute ruht sie im Raritätenschrank in unserer Wohnung, für mich und meine Nachkommen als eine Erinnerung an die harte Kriegszeit.

Die Kanonen unserer Batterie vom Kaliber 8,8 cm, die auf einer Lichtung - jeweils von einem hohen Erdwall umgeben – lagen, gehörten zur unteren Gattung der schweren Flak-Artillerie. Für uns waren es schon dicke Brocken. Unsere 8,8 cm-Flak 18-Geschütze hatten immerhin eine maximale Schussweite von 14,68 Kilometern und eine Schusshöhe von 10,60 Kilometern. Ihre praktische Feuergeschwin-

*8,8 cm Flak 18 auf Kreuzlafette*

digkeit lag, wenn wirklich alles wie am Schnürchen klappte, bei 10 bis 15 Schuss in der Minute. Wenn sie wie die unsrigen auf Kreuzlafetten montiert waren, konnten sie auf Sonderanhängern (206) mobil gemacht und schnell abtransportiert werden.

**Ab zur Geschützstaffel**

Gleich zu Beginn unserer militärischen Ausbildung wurden wir Luftwaffenhelfer in unterschiedlich starke Gruppen aufgeteilt. Während die eine Gruppe der Messstaffel zugewiesen wurde, kam die andere Gruppe zur Geschützstaffel. Nach welchen Gesichtspunkten diese Aufteilung erfolgte, blieb uns völlig schleierhaft. Waren für die Messstaffel die Zeugnisnoten in Mathematik ausschlaggebend? Hielt unsere Batterieleitung für die Geschützstaffel nach den Kräftigsten von uns Ausschau? Das haben wir nie erfahren, das wird für immer ein Geheimnis bleiben. Unter uns Luftwaffenhelfern führte diese Aufteilung zu einer, wie ich meine, völlig überflüssigen Rivalität. Haben sich wirklich die der Messstaffel zugeteilten Kameraden für etwas Besseres gehalten? Zeigten diese gegenüber den anderen eine gewisse Hochnäsigkeit? Mir war das egal, es hat mich nicht gestört.

Wie dem auch sei, ich kam jedenfalls zur Geschützstaffel, obwohl ich körperlich recht klein und keineswegs ein Kraftprotz war. In Mathematik war ich hingegen ein hoffnungsloser Blindgänger. So fühlte ich mich in der Geschützstaffel durchaus wohl und wurde zum Höhen-Richtkanonier (K1) ausgebildet, der allerdings auch in der Lage sein sollte, die anderen Richtkanonierposten wie Seiten-Richtkanonier (K2) oder Zünder-Stellkanonier (K6) zu übernehmen.

## Gar nicht so anstrengend

Die Grundausbildung war für alle Luftwaffenhelfer durchaus interessant, betraten wir doch allesamt ausgesprochenes Neuland. Sie war auch gar nicht so anstrengend, wie man immer gehört hatte, obschon es nicht an soldatischem Drill fehlte. Dabei waren die meisten von uns noch nicht einmal 16 Jahre alt. Vor allen Dingen mussten wir erst einmal gehen bzw. laufen lernen. Dann kam das leidige Grüßen. Gar mancher lernte es nie.

Größter Wert wurde auf Sauberkeit gelegt. Exakt auf Kante musste die Wäsche gelegt sein. Wie sehr mussten von nun an unsere Schuhe stets glänzen? Welche Anstrengungen unternahmen wir, damit unsere Betten so „gebaut" waren, dass sie Gnade vor den Augen unserer Vorgesetzten fanden? So war es eben beim „Barras"! Daran konnten auch wir Luftwaffenhelfer nichts ändern. Zwar ärgerten wir uns so manches Mal über die Dinge, die wir für überflüssig hielten, und ließen diesem Ärger auch Luft, aber im Großen und Ganzen ertrugen wir dies alles mit einer, fast schon als stoisch zu bezeichnenden Gelassenheit.

Nicht wenige Angehörige der Stammmannschaft unserer Batterie begegneten uns Luftwaffenhelfern mit größter Skepsis. Mit Fortschreiten unserer Ausbildung wuchs für zumindest einige von ihnen die Gefahr, von der noch recht ruhigen Heimatfront zur kämpfenden Truppe an die Front an den Grenzen geschickt zu werden. Das aber war gewissermaßen die von der Heeresleitung geforderte Konsequenz aus dem Einsatz von Luftwaffenhelfern.

## Auf „Vordermann" gebracht

Im Allgemeinen wurden wir Luftwaffenhelfer in der Batterie gut aufgenommen. In zahlreichen Gefechtsübungen wurden wir auf „Vordermann" gebracht. In der Geschützstaffel lernten wir, die nach groben Richtungsangaben von der Kommandozentrale kommenden Messwerte auf die Geschütze zu übertragen. Das erforderte viel Kurbelei. Dabei musste man ständig darauf bedacht sein, nicht mit den doch recht weitausladenden „Füßen" der Kreuzlafette in Kollision zu geraten. Das gab schon manches Mal Probleme.

*Die Bedienung der Geschütze sollte uns in Fleisch und Blut eingehen. So stand Geschützexerzieren hoch im Kurs. Nur wenn wirklich alles klappte, waren unsere Vorgesetzten zufrieden.*

Zur Befehlszentrale unserer Batterie – kurz B1 genannt – zählte zum einen die Vier-Meter-Basis, das Kommandogerät 40, für die optische Erfassung der feindlichen Flugzeuge und deren Verfolgung, wo genaue Daten über Flugrichtung, Flughöhe, Fluggeschwindigkeit und Entfernung erhoben wurden. Zum anderen verfügte unsere Batterie

*Zur Befehlsstelle (B1) gehörte neben dem Kommandogerät 40 (links) das Radar- oder Funkmessgerät (FuMG 62 D „Würzburg") mit aufgesetzter Antenne (rechts).*

über ein Radargerät (FuMG 62 D, „Würzburg"), das Feindflugzeuge über Funk anpeilte. Dies war vor allen Dingen in der Nacht von großer Bedeutung, wenn optische Vermessungen an Flugzeugen nur vorgenommen werden konnten, sofern sie von Scheinwerfern erfasst worden waren. Das kam zwar ab und zu vor, blieb aber dennoch selten.

Als wir Luftwaffenhelfer zur Batterie kamen, hatte der Gegner die Gefahr, die ihm von den Radargeräten drohte, bereits klar erkannt und nichts unversucht gelassen, diese in ihrer Tätigkeit zu stören. Als sehr wirksam erwiesen sich von Flugzeugen abgeworfene Stanniolstreifen, gern als "Lametta" bezeichnet, die langsam zu Boden flatterten und dabei die von den Radargeräten ausgesandten Strahlen vorzeitig reflektierten. So gelang es dem Gegner vielfach, diese Messgeräte von den eigentlichen Kampfverbänden abzulenken.

### Schnell kam die „Feuertaufe"

Schon bald wurde aus den Übungen an unseren Geschützen bitterer Ernst. Bereits am 30. Januar erhielten wir unsere „Feuertaufe". Das Geschütz „Dora", zu deren Mannschaft ich von nun an zählte, feuerte 30 Schuss auf einen anfliegenden Bomberverband. Unsere Aktivitäten wurden jedoch durch einen sogenannten „Hülsenklemmer" ausgebremst. Er konnte erst nach der Entwarnung beseitigt werden, indem wir die nach einem Schuss im Rohr steckengebliebene Patronenhülse mit vereinten Kräften mit unserem Rohrputzer bei offener Ladeklappe herausstießen.

Unsere Batterie in Blumeshof, der die Borsig-Werke von Berlin-Tegel – die größte Lokomotiven-Fabrik auf dem europäischen Kontinent - als vornehmliches „Schutzobjekt" zugewiesen worden waren, kam jedoch vergleichsweise wenig zum Schuss, obwohl es an Alarmen keineswegs mangelte. Meist wurde zweimal am Tage Alarm ausgelöst, und wir verbrachten viele Stunden in Feuerbereitschaft an unseren Geschützen. Doch am 15. Februar feuerten wir mit unserer „Dora" 95 Schuss ab. Dabei setzten die Briten ihre im November 1943 begonnene „Schlacht um Berlin" – ihre „Battle of Berlin" - fort, indem sie immer wieder die Reichshauptstadt mit starken Bomberverbänden angriffen. Dann war natürlich unsere Nachtruhe dahin. Ab Anfang März 1944 griff dann auch die US Air Force mit starken Bomberverbänden in diese Schlacht ein.

### Der „Böschungshobel"

Es dauerte tatsächlich nicht lange, da waren die neuen Luftwaffenhelfer in die Batterie 1/217 voll integriert. Das hinderte einige „Alte Hasen" jedoch nicht daran, die „Neulinge" hin und wieder auf den Arm zunehmen. Als wir dabei waren, die Erdwälle um die Geschütze zu verstärken, wurde ich gemeinsam mit einem Kameraden zu dem für Waffen und Geräte verantwortlichen Unteroffizier (WuG) geschickt, um den „Böschungshobel" zu holen, damit die Wälle exakt begradigt werden könnten. WuG-Unteroffizier Alfred Henning, ein etwas rundlicher, urgemütlicher Typ, roch natürlich sofort den Braten und bürdete uns ein gewichtiges Eisenpaket auf. Als wir damit bei unserem Geschützwall ankamen, gab es ein großes Gelächter, hatte uns doch WuG-Unteroffizier Henning, ohne auch nur mit einer Wimper zu zucken, einem „Rohrfeststeller" auf unsere Schultern geladen, der - wurden Geschütze auf ihren Sonderanhängern (206) transportiert - zur Arretierung der Geschützrohre diente. Unwissend, wie wir waren, hatten wir uns ins Bockshorn jagen lassen. Zum Spott und Hohn, den wir ernteten, kam noch hinzu, dass wir das unhandliche Ding in den WuG-Schuppen zurücktragen mussten. Aus dem WuG für „Waffen und Geräte" wurde übrigens scherzhaft fast allgemein „Wellblech und Gerümpel".

Und anderen Kameraden von uns erging es ebenso. Sie mussten beispielsweise die dringend benötigte „Seelenachse" für die Vermessung des Geschützrohres holen. Den altgedienten Wachtmeistern, Unteroffizieren und Mannschaftsgraden fehlte es nicht an Ideen, die Neulinge auf's Glatteis zu führen – und dies nicht nur im Winter. Manchmal hatte WuG-Unteroffizier Henning aber auch Erbarmen mit den Betroffenen. Er schickte sie dann mit dem freundlichen Hinweis zurück, das gewünschte Gerät sei bereits ausgeliehen. Und wir jungen Luftwaffenhelfer freuten

WuG-Unteroffizier
Alfred Henning

uns insgeheim schon auf die Zeit, in der wir jungen Nachwuchs in ähnliche Bedrängnis bringen wollten. Schadensfreude ist nun einmal die schönste Freude!

## „Hiwis" unsere russischen Gehilfen

Neben unserer etwa 100 bis 120 Mann starken rein deutschen Stammbesatzung gehörte zu unserer Batterie eine rund 20-köpfige Gruppe hilfswilliger russischer Kriegsgefangener. Sie wurden kurz als „Hiwis" bezeichnet und waren stets in dunkelgrün gefärbten älteren Militärklamotten gekleidet. Es waren robuste, kräftige Männer im besten Alter, die für alle schweren Arbeiten eingesetzt wurden. Sie schippten den meisten Sand, sie transportierten die nicht gerade als leicht zu bezeichnende Munition, und zwar nicht nur, wenn es galt, die Bunker wieder aufzufüllen, sondern auch bei Kampfeinsätzen.

Diese „Hiwis" wohnten etwas abgelegen in großen Zelten und standen ständig unter Bewachung durch einen hierzu beorderten Soldaten. Alle wurden nur mit ihrem Vornamen angeredet, ob sie nun Wassili, Dimitri, Iwan, Wanja oder sonst wie hießen. Sie waren fast ausnahmslos gutmütig und auch stets zu Gefälligkeiten bereit.

## Anweisung zum Abstand

Ihre Verpflegung war mit Sicherheit nicht so üppig wie die unsrige, denn sie waren für jede Scheibe Brot dankbar, die wir Luftwaffenhelfer ihnen heimlich zustecken konnten. Wir versuchten auch immer wieder, uns mit dem einen oder dem anderen zu verständigen, obgleich es eine Anweisung gab, von den „Hiwis" Abstand zu halten und nur mit ihnen zu sprechen, wenn dies unbedingt notwendig war.

Sehr zu bewundern war oft ihre trotz der durchaus kräftigen Hände ungeahnte Fingerfertigkeit, denn sie verstanden es, aus einem leicht angefeuchtetem kleinen Stück Zeitungspapier und einer winzigen Menge von Machorka in ihrer Manteltasche eine Zigarette zu drehen, die sie dann genüsslich qualmten.

Mit Infanteriedienst, Geschützdienst, Geschützexerzieren, Geräte-reinigen, Arbeitsdienst, Wachdienst, Flugzeug-Erkennungsdienst, Revierreinigen, Unterricht über flakartilleristische Winkelmaße und auch politischen Fragestunden ging unsere Grundausbildung relativ schnell vorüber. Eigentlich sollte nach etwa fünf Wochen der reguläre Schulunterricht wiederaufgenommen werden. Doch daraus wurde nichts. Die militärische Ausbildung stand eindeutig im Vordergrund. Darüber waren wohl die meisten von uns enttäuscht, während andere ganz froh darüber waren.

Da die Stellung unserer Batterie ziemlich nah am Steg vom „Strandbad Tegelsee" lag, freuten wir uns schon auf den Sommer. Täglich wollten wir uns, sobald die Wassertemperatur auch nur ein Bisschen angestiegen wäre, in die Fluten stürzen. Wasserschlachten wären uns allen eine willkommene Abwechslung von dem doch recht tristen Alltagsleben in der Batteriestellung gewesen. Doch es sollte ganz anders kommen. Schnell wurde diese Vorfreude für uns ausgelöscht. Unsere Batterie erhielt schon am 22. Februar 1944 den Befehl zum Stellungswechsel.

Nun standen auch für uns plötzlich ganz andere Arbeiten an. Da mussten die Wälle der Geschütze für den geplanten Abtransport geöffnet werden. Hacken und Schippen waren im Großeinsatz. Da war Muskelkraft gefordert, da damals nicht im Entferntesten an den Einsatz vom Baggern oder

*Tolle Aussichten für die wärmere Jahreszeit, aber alles kam anders*

großer Kräne gedacht werden konnte. Alles, aber auch wirklich alles von der Munition über Gerätschaften bis hin zu den eigenen Klamotten musste verpackt und auf Lastkraftwagen (LKW) verladen werden. Das war wirklich eine Mordsarbeit, und aus dem uns zugesagten Schulunterricht wurde immer noch nichts.

Nach einer langen Fahrt landete unsere Batterie am 24. Februar auf dem Sportplatz von Heiligensse ganz im Nordwesten von Berlin. Erfreulicherweise war dort die Stellung schon gut ausgebaut. Eigentlich war alles von den Unterkünften bis zu den Versorgungseinrichtungen in Ordnung. Nach dem Einfahren der Geschütze mussten lediglich die Umwallungen wieder geschlossen und die Munition in den Bunkern verstaut werden. Die Stellung lag in der Nähe von Wohnsiedlungen mit zahlreichen Einfamilienhäusern, die meist anderthalbgeschossig gebaut waren. Daran konnten wir uns schnell gewöhnen. Hier konnte man es gut aushalten. So hatten wir uns denn auch schnell eingelebt.

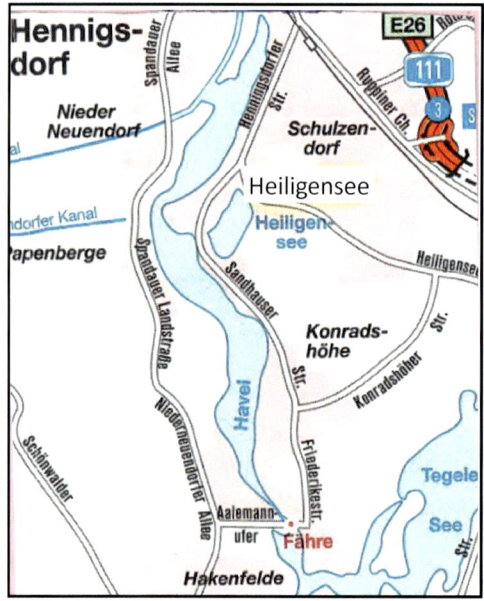

Aber auch dort kamen wir nicht etwa zur Ruhe. Gleich am zweiten Tag wurde eine Gruppe von uns, darunter auch ich, abkommandiert, um an der Beisetzung von vier gefallenen Luftwaffenhelfern teilzunehmen. Das nahm uns alle natürlich seelisch sehr mit, wurde uns doch dabei ganz deutlich gezeigt, wie auch unser Leben recht bald einmal enden könnte. Die Totenehrung und Beerdigung dieser Kameraden gingen unter die Haut, sie waren nichts für schwache Nerven.

*Unsere Stellung auf dem Sportplatz in Heiligensee war
von vielen Einfamilienhäusern umgeben.*

Sonst aber hatten wir auch in Heiligensee den üblichen Dienst mit Batterieexerzieren, Munitions- und Gerätereinigen. Obwohl es in Heiligensee immer wieder Alarm gab und wir stundenlang an den Geschützen stehen mussten, kamen wir dort nur ein Mal zum Schuss. Am 6. März feuerte unsere Batterie allerdings 60 Salven auf einen anfliegenden britischen Verband mit viermotorigen Bombern.

## Zahlreiche Sonderappelle

Der zur Betreuung von uns Luftwaffenhelfern beorderte Unteroffizier Gerd Hobiger, der allergrößten Wert auf Sauberkeit legte, traktierte uns in dieser Stellung mit zahlreichen Sonderappellen: Appell in Ausgehuniform, Appell mit sauberer Wäsche, Deckenappell, Spind- und Betteninspektionen. Das sorgte stets für viel Aufregung, denn auffallen wollte nun wirklich keiner von uns. Aber dies ließ sich beim besten Willen nicht immer vermeiden. Dann gab's auch schon mal Strafaktionen. Hier lernten wir kennen, was beim Militär unter einem „Maskenball" zu verstehen ist.

*Unser „Betreuungs"-Unteroffizier Gerd Hobiger*

Plötzlich war – welch ein Wunder? - sogar auch Zeit für Schulunterricht da. Am 3. März erschien Studienrat Dr. W. Biedermann gemeinsam mit seinem Kollegen, Dr. Chr. Groß, in unserer Stellung. Wir wurden sechs Schulstunden lang in die Mangel genommen, und dies nach einer mehr als zwei Monate dauernden Pause. Das war uns nun wieder zu viel des Guten. Wir bekamen sogar Schularbeiten aufgebrummt, die wir am folgenden Tag auch erledigen konnten. Noch einmal, am 6. März, bekamen wir Schulunterricht. Und schon war die ganze Sache für die nächsten Monate gestorben, denn bereits am 8. März lag ein neuerlicher Befehl zum Stellungswechsel auf dem Tisch unseres Batteriechefs. Und wir mussten von dieser „Idylle" ebenso schnell Abschied nehmen, wie wir sie kennengelernt hatten.

## Sand und Heide

Die ganze Packerei ging von neuem los. Diesmal musste alles auf bzw. in Güterwaggons der Deutschen Reichsbahn verladen werden. In einer uns unendlich erscheinenden Fahrt rund um Berlin herum kamen wir schließlich am 9. März ganz im Südosten von Berlin, nämlich in Freienbrink bei Erkner an, wo man unsere sechs Geschütze auf ihren Kreuzlafetten kurzerhand auf einem mit Gerste bestellten Acker abprotzte, der auf einer Lichtung in der Nähe von ausgedehnten Kieferwäldern lag. War das für uns eine Enttäuschung und schnelle Ernüchterung! Wir waren mitten in der Märkischen Heide mit ihrem berüchtigten Sand gelandet. Den Sand sollten wir dann auch gründlich kennenlernen.

Unsere Unterkunft wurden für die nächsten gut anderthalb Monate sogenannte „Wohnkoffer", die etwa 6 m lang, 2 m breit und 2,5 m hoch waren. Jeweils zehn Batterieangehörige, Kanoniere, Luftwaffenhelfer und das ganze Unteroffizierskorps mussten darin Platz finden. Die Enge kann sich heute sicherlich niemand mehr vorstellen! In drei Ecken der „Koffer" standen ungefähr 60 cm breite, dreistöckige Etagenbetten mit Strohsäcken, das unterste Bett lag praktisch auf dem Boden, das oberste nur etwa 70 cm von der eingezogenen Decke entfernt. Der Gang zwischen den Betten war gerademal 80 cm breit. Das zehnte Bett war in einem unter einem der zwei schmalen Tische liegendem Kasten untergebracht. Bei nächtlichem Fliegeralarm – und daran herrschte wahrlich kein Mangel – war das Gedränge ungeheuerlich. Alle mussten sich auf einmal anziehen. Was für ein Glück, dass ich das „Tischbett" ergattert hatte und mir in diesem meine Klamotten überziehen konnte!

Beheizt wurden die „Wohnkoffer" mit Kanonenöfen. Das war in dieser Jahreszeit eine zusätzliche Katastrophe. Die obenliegenden Kameraden verkamen vor Hitze, während die untenliegenden vor Kälte zitterten. So war es kein Wunder, dass um die Befeuerung des

# Das waren unsere „Wohnkoffer"

*Von außen sahen unsere „Wohnkoffer" nicht grade einladend aus.*

*Zwei Dreistöcker-Etagen-betten links, ein weiteres rechts, das zehnte Bett war im Tischkasten verborgen.*

*Luftwaffenhelferkameraden: Hier 70 Prozent einer „Wohnkoffer"Besatzung*

Ofens harte Gefechte geführt wurden, bei denen wir auch an Wasser nicht sparten. Es gab ein hin und her. War der Ofen dann „gelöscht", musste erst einmal alles gelüftet werden. Man muss zusätzlich noch bedenken, dass sich das alles bei absolutem Verdunkelungsgebot zutrug. Aber auch das haben wir überstanden.

## Ohne jede Deckung

Unsere Geschütze, die auf Kreuzlafetten montiert waren, standen zunächst völlig offen und ohne jede Deckung auf dem mit Gerste bestellten Acker. Das musste natürlich in möglichst kurzer Zeit abgeändert werden. Da wirklich alle Kräfte benötigt wurden, galt ab sofort totale Urlaubssperre für die gesamte Mannschaft. Für die gewaltigen Erdbewegungen, die nun erforderlich waren, standen wieder keine Bagger zur Verfügung. Muskelkraft war erneut gefordert! Spaten, Schippen, Schaufeln und Schubkarren mussten die Bagger ersetzen. Zunächst wurden für unsere sechs Geschütze etwa 1,5 m tiefe Gruben – jeweils ungefähr 10 x 10 m groß – ausgehoben. Erfreulicherweise ließ sich der nahezu steinlose Sandboden der Märkischen Heide gut schippen. Aber dennoch war diese Arbeit, bei der wir von unseren „Hiwis" kräftig unterstützt wurden, schon eine Herausforderung. Das Ende war gar nicht abzusehen.

## Beachtliche Sandberge

Um die in kreisförmiger Ordnung mit etwa 50 m Abstand ausgehobenen Gruben türmten sich beachtliche Sandberge auf. Nachdem die Gruben mit dicken Holzbohlen abgesichert und Bunker für die Munition gebaut waren, „wanderten" die Sandberge wieder zurück und wurden zu Erdwälle um die Gruben herum aufgeschaufelt. Und dies alles nur mit Muskelkraft! „Schipp, schipp Hurra!" war lange Zeit unsere Parole.

## Eine wahre Augenweide

Aber was hatten wir da angerichtet? In dem Gerstenfeld waren gewaltige, weithin sichtbare helle Flecken entstanden. Sie waren mit Sicherheit für die immer wieder auftauchenden feindlichen Aufklärungsflugzeuge eine wahre Augenweide. Also musste auch hier sofort Abhilfe geschaffen werden. So wurden von uns im nahen Kiefernwald Grassoden abgestochen, die dann in der stillen Hoffnung, sie würden wieder anwachsen, auf den Geschützwällen ausgelegt wurden. Doch die Soden waren vielleicht schwer!

Schnell kamen wir auf die Idee, die anhaftende Erde im Wald abzuklopfen, zuerst ein wenig, dann nach und nach immer mehr. Schließlich schleppten jeweils zwei Mann bis zu zwei Quadratmeter große Soden, die über ein Rundholz gelegt waren, zu unserer Stellung. Endlos schien die Kolonne der Plaggenträger, die - von oben betrachtet – sicherlich einer Ameisenstraße glich. Schneller als erwartet war diese Arbeit dann auch erledigt.

Unsere tolle Idee erwies sich jedoch sehr bald als ein "Schuss in den Ofen". Die immer höher steigende Sonne und der starke Temperaturanstieg sorgten nach relativ kurzer Zeit dafür, dass unsere „Arbeitserleichterung" aufflog. Ständig und immer wieder mussten wir „Nachbesserungen" ausführen. Sie wurden praktisch zu einer Dauerbeschäftigung.

Nun mussten erneut Gruben für die geplanten Baracken ausgehoben werden. Und wieder griffen wir mit Unterstützung unserer „Hiwis" zu Spaten, Schippe und Schubkarre. Unser Eifer wurde jedoch plötzlich ausgebremst, als wir am 12. April auf einige Tonscherben stießen. Die Arbeiten wurden in diesem Bereich sofort eingestellt. Ein Archäologie-Professor kam aus Berlin und legte, vorsichtig mit

Schippchen und Pinseln arbeitend, nach und nach eine ganze Reihe von Urnen frei. Das war für uns natürlich alles hochinteressant und eine durchaus willkommene Unterbrechung unserer doch reichlich stupiden Erdarbeit. Wir waren tatsächlich auf ein richtiges Urnenfeld gestoßen. Dabei handelte sich um sogenannte Buckelurnen, die neben den sonstigen Verzierungen in halber Höhe in regelmäßigen Abständen besondere Buckel aufwiesen. Nach Aussagen des Professors waren derartige Urnen in dieser Gegend bisher noch nicht gefunden worden. So wurden denn die Urnen allesamt sorgsam verpackt und an das Märkische Museum in Berlin geschickt.

## Umzug in Baracken

Unter diesen Umständen war natürlich an Unterricht, der den Luftwaffenhelfern fest zugesagt war, zunächst überhaupt nicht zu denken. Dafür war auch überhaupt kein Raum vorhanden. Die meisten von uns bedauerten den Ausfall des Unterrichts, andere waren hingegen erfreut. Erst als die Baracken standen, siedelten wir – es war am 26. April - aus den „Wohnkoffern" um. Die Baracken, die etwa einen Meter unter dem normalen Erdniveau lagen, waren von Sandwällen umgeben, die zusätzlichen Schutz bieten sollten. Ich hatte mich mittlerweile an die Enge unserer Notunterkünfte so gewöhnt, dass mir der Umzug nicht leicht fiel. Plötzlich hatten wir genug Platz, und jeder hatte seinen eigenen Spind. Die Betten waren lediglich doppelstöckig und auch sehr viel breiter. Tische und Stühle standen wieder separat. Es brauchte eine ganze Weile, bis ich mich an die neuen Verhältnisse gewöhnt hatte. Der Mensch ist eben doch ein Gewohnheitstier!

Die Pflege der neuen Unterkünfte nahm wesentlich mehr Zeit in Anspruch, zumal jede Menge Sand hereingetragen wurde. Gegen den

*Die Baracken waren von Sandwällen umgeben und lagen etwa 1 m unter dem Ackerniveau der umliegenden Ackerflächen.*

galt es anzukämpfen. Da das Ganze „besenrein" gehalten werden musste, kam es gar nicht so selten vor, dass kurzerhand eine Diele aufgenommen und der ganze Schmutz unter die Baracke gekehrt wurde. Hin und wieder wurde auch die ganze Bude unter Wasser gesetzt und das Dreckwasser zur Tür hinausgefegt. Ein besonderes Kapitel waren die Fenster, die ständig verschmutzten und daher fast täglich geputzt werden mussten. Wasser und zerknülltes Zeitungspapier genügten hierfür voll und ganz.

Ein erfreulicher Lichtblick für uns Luftwaffenhelfer war in der Stellung in Freienbrink der ziemlich nahe gelegene alte Arm der Spree, der sich langsam fließend durch die ebene Landschaft schlängelte. Obwohl das Wasser noch sehr kalt war, tobten wir uns oftmals in ihm aus und erholten uns von unserem fast ständigen Arbeitseinsatz.

„Schutzobjekt" waren in der Stellung Freienbrink vor allem die Rütgers-Werke in Erkner. Die Industrialisierung dieser relativ kleinen Stadt im Südosten von Berlin, die damals zum Landkreis Niederbarnim (heute: Landkreis Oder-Spree) gehörte, stand in engem Zusammenhang mit dem belgischen Chemiker Leo Henrik Baekeland, der 1905 den ersten vollsynthetisch, industriell produzierten Kunststoff auf der Basis von Phenol und Formaldehyd entwickelte, der dann in Anlehnung an seinen Namen Bakelit genannt wurde. 1907 wurde Baekeland hierfür ein Patent erteilt. So gründete er am 25. Mai 1910 zusammen mit den Rütgers-Werken die „Bakelite GmbH in Erkner bei Berlin". Nach Abkühlung und Aushärtung erwies sich der Kunststoff Bakelit als außerordentlich widerstandsfähig gegen mechanische Einwirkungen, Hitze und Säuren. Zudem war er sehr langlebig. Aus ihm ließen sich unzählige Kunststoffteile herstellen. Im Rahmen der Aufrüstung der Wehrmacht war zudem 1938 ein Zweigwerk der Schweinfurter Vereinigte Kugellagerfabriken AG in dieser brandenburgischen Kleinstadt eröffnet worden, das 1944 nach Angaben der US Air Force zum wichtigsten Kugellagerwerk der deutschen Rüstungsindustrie geworden war.

*Durch die Märkische Heide bei Freienbrink schlängelte sich mit schwacher Strömung ein alter Arm der Spree, der nach harter Arbeit bei großer Hitze immer wieder zu einem Erfrischungsbad einlud.*

So wurde Erkner am 8. März 1944 – also kurz vor unserer Ankunft in Freienbrink - von überaus starken US-amerikanischen Bomberverbänden angegriffen und weitgehend zerstört. Es sollen 470 viermotorige Maschinen gewesen sein. Rund 230 Tote waren zu beklagen. Davon erfuhren wir allerdings in unserer Batterie nichts. Das wurde verschwiegen und war somit für uns kein Thema.

Am 23. Mai mussten wir noch unsere Geschütze gegen etwas Bessere austauschen, was uns zusätzliche Arbeit einbrachte. Die Wälle mussten wieder geöffnet und anschließend geschlossen werden.

Statt der 8,8 cm 18-Kanonen hatten wir nun 8,8 cm 36-Geschütze. Warum das geschah, war uns ziemlich schleierhaft, hatten doch die ausgewechselten Geschütze fast die gleiche Schussweite (max. 14,86 km), Schusshöhe (max. 10,6 km) und praktische Schussgeschwindigkeit (15 bis 20 Schuss pro Minute) wie ihre Vorgänger.

**Bescheidenes Fronttheater**

Als unsere Stellung in Freienbrink nun endlich einigermaßen ausgebaut war - unser Casino stand noch nicht -, verirrte sich im Rahmen der „Truppenbetreuung" eine kleine Künstlergruppe in die Märkische Heide. Am Waldesrand wurde eine magere provisorische Bühne aufgebaut, und alle Batterieangehörigen wanderten am Nachmittag des 29. Mai, nachdem wir gerade eine Besichtigung durch unseren Abteilungskommandeur gut überstanden hatten, wohlgemut zu unserem Varieté. Jeder war mit einem Stuhl bewaffnet. Ein Zauberer zeigte seine diversen Tricks. Seine Kunststücke wurden mit etwas plärrender Musik aus einem Lautsprecher gebührend untermalt. Manches war dabei wirklich verblüffend. Eine junge Frau, das zweite Mitglied der Künstlergruppe, bot Tanz und Gesang. Es gab auch viel Beifall. Das Ganze war eine ganz nette unterhaltsame Abwechslung. Und wieder zog die Kolonne im Gänsemarsch - jeder mit seinem Stuhl – in die Unterkünfte zurück.

An wenigen Wochenenden war es den Batterieangehörigen erlaubt, Besuch zu empfangen. Meist waren es die Ehefrauen oder Freundinnen, aber auch Mütter und Väter, die da aufkreuzten. Oftmals wanderten sie dann, mit Decken unterm Arm zum Picknick oder auch zu einem „Schäferstündchen" an den Waldesrand, beziehungsweise etwas tiefer in den Wald hinein. Luftwaffenhelfer bekamen hingegen nur wenig Besuch. Sie erhielten dafür auch mehr Kurzurlaube. Ein-

*Im Rahmen der Truppenbetreuung kreuzte in Freienbrink
eine zweiköpfige Künstlergruppe auf.*

mal, es war am Ostersonntag, den 9. April, besuchten mich meine Eltern gemeinsam mit meiner Schwester Barbara in Freienbrink. Das war natürlich eine große Freude für mich, zumal wir nicht so unter Zeitdruck gerieten, weil alle drei im nahen "Heidekrug", in dem auch die Schreibstube unserer Batterie untergebracht war, übernachteten.

## Geschicktes Täuschungsmanöver

In Freienbrink waren die Nächte durch häufige Alarme genauso unruhig wie überall. Die britische Air Force und die US-amerikanischen Luftstreitkräfte griffen die deutsche Hauptstadt immer wieder an und belegten Berlin mit Bombenteppichen. Unsere Batterie kam oftmals zum Schuss, insbesondere auch deswegen, weil ganz in unserer Nähe eine Spezialeinheit lag, welche die Aufgabe hatte, die feindlichen Bomber zu irritieren. Sie setzten bei Dunkelheit - ebenso wie die feindlichen Flugzeuge - Zielmarkierungen in Form von an einem Fallschirm niedersinkenden Kaskaden, - es waren die viel berüchtigten „Christbäume" –, die dann vom Boden über freiem Feld in die

Luft geschossen wurden. Durch sie sollten die Feindverbände von ihrem eigentlich vorgesehenen Zielgebiet abgelenkt werden, was zumindest teilweise auch gelang.

Doch immer dreister wurden die Angreifer, sie kamen selbst am helllichten Tage in großen Pulks, die gewaltige Kondensstreifen am azurblauen Himmel hinterließen. Oft überquerten sie – so sie vom Südosten anflogen – unsere Stellung. Wir konnten aber die in großer Höhe fliegenden Geschwader nicht immer beschließen, weil der Reichweite unserer 8,8 cm-Kanonen mit in der Höhe maximal 10,6 Kilometern zu gering war.

## Urlaub trotz Ausgangssperre

Nach unserer Verlegung nach Freienbrink herrschte – wie bereits erwähnt – wegen des vordringlichen Ausbaus der Stellung zunächst allgemeine Ausgangssperre. Dennoch beantragte ich für den 29. April Urlaub, wollte ich doch an diesem Tage 16 Jahre alt werden. Der Antrag wurde zunächst abgelehnt. Offensichtlich hatte jedoch die Mutter der Batterie, Hauptwachtmeister Heino Thöllstedt, noch ein Einsehen und hielt Rücksprache mit Batteriechef Oberleutnant Erwin Ottermann. Am Vortag, also am 28. April, wurde ich gegen 20:00 Uhr zur Schreibstube, die in dem in der Nähe liegenden Gasthof „Heidekrug" untergebracht war, gerufen und erhielt einen Urlaubsschein, der sogar für die nächsten drei Tage galt. Das war nun wirklich eine Überraschung, und die Freude war entsprechend groß, doch die Zeit war verdammt knapp.

So schnell wie eben möglich startete ich gegen 21:00 Uhr mit einem geliehenen, recht betagten Fahrrad, um die etwa sieben Kilometer lange Strecke von unserer Stellung bis zum S-Bahnhof Erkner zu bewältigen. Es ging - oft vom schaurigen, durch Mark und Bein gehenden Gekrächze aufgescheuchter Krähen oder Raben begleitet - auf sandigen Pfaden durch ziemlich finstere Kiefernwälder, ein Unternehmen, das nicht ganz einfach war, zumal die Beleuchtung an meinem Fahrrad zunächst nur flackerte und schließlich ihren Geist ganz aufgab.

Mit Müh' und Not erreichte ich in dem ganz südöstlich von Berlin liegendem Erkner noch die letzte S-Bahn, die mich ins Zentrum von Berlin brachte. Unterwegs versuchte ich, noch die defekte Lichtanlage an meinem Drahtesel zu reparieren, was mir sogar gelang. Am Bahnhof Zoo erwischte ich gerade noch wieder die letzte S-Bahn nach Oranienburg, der nordwestlichen Endstation, die Neuruppin, dem Ziel meiner Reise, am nächsten lag. Gegen 1:00 Uhr traf ich dann dort ein und radelte dem etwa zwei Fahrrad-Stunden entfernten Neuruppin entgegen. Das war schon ein ganz außergewöhnlicher Auftakt für einen Geburtstag.

Ungefähr eine Fahrrad-Stunde vor der Stadt fand ich eine offene Feldscheune, in der neben verschiedenen Geräten und Maschinen einige Ballen Stroh lagen. Hier legte ich mich, kaputt wie ich war, zur Ruhe, deckte mich, so gut es ging, mit Stroh zu, legte aber meine Beine, um einem Diebstahl vorzubeugen, über die Querstange meines Fahrrades. Schließlich war ein Fahrrad in der damaligen Zeit ein richtiger Wertgegenstand. Ob ich trotz der niedrigen Temperatur dann geschlafen habe, ist mir nicht bewusst geworden. Erholsam war die Pause allemal!

### Geglückte Überraschung

Gegen 5:00 Uhr schwang ich mich wieder auf mein Fahrrad und traf etwa um 6:00 Uhr in Neuruppin ein. Ich fuhr zur dortigen Landwirtschaftsschule, in der die aus Berlin ausgelagerte Dienststelle meines

Vaters untergebracht war. Da hatte ich dann Glück, denn die Putz-
hilfe war schon in aller Frühe aktiv. So fand ich Einlass und hatte die
willkommene Gelegenheit, mich ein wenig zurecht und frisch zu machen. Das Fahrrad ließ ich im Keller des Hauses einschließen, somit
war es gesichert. Zu Fuß ging ich dann zu dem Haus, in dem meine
Eltern ein möbliertes Zimmer bewohnten. Unterwegs pflückte ich
noch am Feldrand einen bunten Strauß. Es war noch nicht halb acht
Uhr, als ich bei meinen Eltern klingelte. Die Überraschung war per-
fekt und die Freude entsprechend groß.

Trotz der vorangegangenen Nacht wurde es ein schöner Geburtstag
nachdem ich bei einem gut zweistündigen Erholungsschlaf in einem
gemütlichen Ohrensessel neue Energie getankt hatte. Natürlich gab
es eine Unmenge zu erzählen, und so verflog die Zeit bei einem le-
ckeren Tropfen guten Weines. Am nächsten Tag - es war ein Sonntag
– machten wir gemeinsam einen Ausflug nach Treskow, leisteten uns
nach einer Stärkung mit Kaffee (damals wohl eher Muckefuck) und
Kuchen eine Kahnpartie auf dem Neuruppiner See und waren zum
Abendessen wieder im
möblierten Zimmer, das
meinen Eltern im Haus
der Familie in Thimm
in der Blücherstraße 17
gewissermaßen als Not-
unterkunft zugewiesen
worden war.

*Meine Eltern im Jahre 1944*

*Günther Pacyna*　　*Ursula Pacyna*
*(1896-1978)*　　　*(1905-2002)*

Der Vormittag des
nächsten Tages war frei-
lich bereits vom bald be-
vorstehenden Abschied
überschattet. Dabei war

*Das war ich, der Luftwaffenhelfer Hasso Pacyna im Mai 1944,*
*kurz nach Vollendung meines 16. Lebensjahres.*

der Vortag doch so erholsam gewesen, zumal das Wetter gut mitgespielt hatte. Ich fuhr dann am frühen Abend mit der Bahn, natürlich unter Mitnahme des Fahrrades, zum Bahnhof Zoo in Berlin und erreichte dort gerade noch die letzte S-Bahn nach Erkner. Quer durch den finsteren Wald ging es zur Stellung zurück, die ich gegen 3:00 Uhr erreichte. Dass ich am folgenden Tag dann nur spärlich aus der Wäsche schaute, hat sicherlich die wenigsten Kameraden verwundert.

### Augenkonjunktivitis chronica?

Bereits vor meiner „Geburtstagsreise" begannen meine Augen, gegen den Märkischen Sand zu rebellieren, der allzu gerne vom fast beständig wehenden Wind hochgewirbelt wurde. Die auf uns alle dauerhaft einwirkende gemein gefährliche Kombination von Sand und Wind traf mich ganz besonders hart. Nacht für Nacht verklebten meine Augen so sehr, dass ich sie regelmäßig mit Kamillentee aufwaschen musste, was natürlich besonders bei nächtlichen Alarmen äußerst unangenehm und zeitaufwendig war. Immer wieder wurde ich auf das Krankenrevier geschickt, wo stets nüchtern eine Bindehautentzündung diagnostiziert wurde. Der Stabsarzt meinte schon, ich hätte ein chronisches Augenleiden. Man verordnete mir eine recht düstere Sonnenbrille mit Seitenschutz, aber auch das half nicht viel. Tatsache war allerdings, dass meine angebliche „Augenkonjunktivitis chronica" ganz schnell behoben war, nachdem wir Freienbrink und somit die Märkische „Streusandbüchse" verlassen hatten. Dort aber waren Sand und Wind allgegenwärtig.

### Neunzig „scharfe Grüße"

Am 21. Juni 1944 drangen über 2 000 Bomber und Begleitflugzeuge der 8. US-Luftflotte am helllichten Tage bei wolkenlosem Himmel,

gewaltige Kondensstreifen hinter sich herziehend, bis zur Reichshauptstadt vor. Sie flogen südlich um Berlin herum, um die Stadt
vom Südosten her anzugreifen. So lag die Einflugschneise in diesem
Fall direkt über unserer Stellung, und wir kamen kräftig zum Schuss.
Mit unserer „Dora" schickten wir 90 „scharfe Grüße" mit hochexplo-
sivem Charakter in den Himmel. Unsere Batterie traf auch einen der
viermotorigen Kampfbomber, der in einiger Entfernung von unserer
Stellung brennend zu Boden stürzte.

*In ziemlicher Entfernung von unserer Stellung stürzte nach Beschuss von unserer
Batterie ein britischer Bomber ab. Dieser Abschuss wurde später unserer Batterie
auch amtlich zuerkannt.*

Das war unser erster, später anerkannte Abschuss, der unsere Batterie berechtigte, die Rohre ihrer Geschütze mit einem weißen Ring zu
zieren. Doch es war für die Oberen mit Sicherheit äußerst schwierig,
Abschüsse einer bestimmten Batterie zuzuordnen. Meist schossen
mehrere Batterien auf ein und denselben Bomberverband. Jede Batterie wollte natürlich möglichst viele Abschüsse auf ihr Konto ver-
bucht haben. Da ging es um die Ehre und das Ansehen.

## Beiname „Eitel-Ehrgeiz"

Unser Batteriechef, Oberleutnant Erwin Ottermann, der stets darauf bedacht war, dass auf dem Batteriegelände perfekte Ordnung herrschte, hatte zu uns Luftwaffenhelfern ein zwar leicht distanziertes, aber eigentlich doch ganz gutes Verhältnis. Er war ein in sich ausgeglichener, ruhiger Lehrertyp. Große Aufregung aber herrschte, wenn sich höherer Besuch, etwa der Chef der Abteilung, angekündigt hatte. Da sollten dann auch die letzten Ecken glänzen. Das brachte dem Batteriechef unter den Luftwaffenhelfern den Beinamen „Eitel-Ehrgeiz" ein.

*Oberleutnant Erwin Ottermann, Chef unserer Flak-Batterie*

*Leutnant Waldemar Wallkötter, sein Stellvertreter*

Ihm zur Seite stand als Stellvertreter Leutnant Waldemar Wallkötter, der – selbst noch relativ jung - zu den Luftwaffenhelfern auf Distanz stand. Sie und ihre Belange interessierten ihn nur wenig. Die Beziehungen zu ihm waren in unseren Augen recht kühl, aber auch keineswegs frostig.

Sehr viel enger waren für uns von der Geschützstaffel die Beziehungen zu den Geschützführern. Das war für mich zunächst der Obergefreite Heinz Neumann, der aus der näheren Umgebung von Berlin stammte und aus unserer damaligen Sicht nicht der Schlausten einer war. So wurde er denn auch von uns gerne auf den Arm genommen und so manches Mal "auf die Palme" getrieben. Schließlich waren wir Berliner Gören, die ganz gewiss nicht auf den Mund gefallen und nie um eine schnoddrige Antwort verlegen waren.

Eines Tages rief unser Obergefreite, völlig in Zorn geraten und der Weißglut nahe,: "Jlaub'n se ja nich, wen se vor sich hab'n. De Jarantie werd ick se beweisen, ick jeh mit se bei Chef!" Ein anderes Mal stellte er entrüstet fest: „Watt, und se woll'n Abitur sinn?!" Seine Drohung: „Waden se erst ma ab, wenn ick Unteroffizier bin!" wurde besonders beschmunzelt. Aber wenige Wochen später war er's. Allerdings wurde er nach relativ kurzer Zeit zu einer anderen Batterie abkommandiert. Für unsere Batterie war das nun wirklich kein Verlust.

## Stets guten Kontakt

Zu den übrigen Mannschaftsgraden hatten wir Luftwaffenhelfer eigentlich stets einen guten Kontakt. Die meisten von ihnen waren nicht mehr jung. Sie hätten gut unsere Väter sein können. Meist waren es Männer, die nur bedingt „kriegsverwendungsfähig", also für einen Einsatz an der Front nicht oder nicht mehr geeignet waren. Eine Ausnahme bildete jedoch die Gruppe der Ladekanoniere. Sie waren allesamt kräftig und im besten Alter. Das war auch unbedingt notwendig, da unsere 8,8 cm-Geschütze von Hand geladen wurden. Bei ziemlich steil nach oben gerichtetem Rohr war die Ladetätigkeit jeweils ein Kraftakt. Da musste man schon Mucki haben!

Oft führten wir mit den regulären Soldaten lange Gespräche, wozu die häufigen Fliegeralarme, die uns stundenlang an den Geschützen festhielten, ausgiebig Gelegenheit boten. Unter ihnen waren Handwerker, Landwirte und auch Fabrikarbeiter, die zu Hause ihre Familien hatten. Mit fast allen konnte man sich gut und vernünftig unterhalten. Im Vordergrund standen dabei oft häusliche und familiäre Probleme, während Wirtschaftsfragen, Politik und Krieg nur eine untergeordnete Rolle spielten.

## Selbstverständlich Ausnahmen

Selbstverständlich gab es da auch Ausnahmen, wie die am 6. Juni erfolgte Landung alliierter Truppen in der Normandie. Sie wurde unter den Batterieangehörigen sehr unterschiedlich beurteilt. Während die einen meinten, dass nunmehr die deutsche Wehrmacht endlich Gelegenheit hätte, die Feinde auf dem europäischen Festland entscheidend zu schlagen, und außerdem den deutschen Soldaten eine sicherlich sehr verlustreiche Invasion auf den britischen Inseln erspart bliebe, waren andere mehr als skeptisch. Einige sahen in der geglückten Landung der Alliierten den Anfang des Endes, den nunmehr eingeleiteten Untergang des „Dritten Reiches".

Und dann selbstverständlich das Attentat auf Adolf Hitler am 20. Juli in seinem Hauptquartier, der Wolfschanze in Ostpreußen. Die Nachrichten darüber schlugen wie eine Bombe ein. Wir hingen an unserem Volksempfänger, unserer einzigen direkten Verbindung mit der Außenwelt, und lauschten der Ansprache des Führers. Die Empörung unter den Angehörigen unserer Batterie war offensichtlich, aber es gab auch einige, die ganz anders urteilten und aus ihrer Haltung keinen Hehl machten. Aber auch wenn diese Themen äußerst brisant waren, traten sie alsbald wieder in den Hintergrund, denn die Ereignisse in der Batterie überschlugen sich.

## Ein wirklicher Gewinn

Die Gespräche mit den anderen Batterieangehörigen waren für uns Luftwaffenhelfer ein wirklicher Gewinn, führten sie uns doch sehr einprägsam an das Geschehen im zivilen Alltag heran. Allerdings wohnten wir von den Mannschaften getrennt und bildeten eine eigene Gruppe, für die Unteroffizier Gerd Hobiger, der sich durch Sprache und Ausdrucksweise unverkennbar als Österreicher auswies, einen besonderen Betreuungsauftrag erhielt.

Nach Fertigstellung unserer Stellung in Freienbrink wurde im Casino hin und wieder gefeiert. Wir Luftwaffenhelfer bekamen davon, von der lauten Musik abgesehen, kaum etwas mit. Dennoch waren wir über den Verlauf dieser Feste stets gut informiert. Da Peter Kratzenberg und Hans-Joachim Rietenbach, also zwei von uns, sehr gut Schifferklavier spielten, wurden sie oft dorthin abkommandiert, um für die gewünschte Unterhaltung zu sorgen. Da ging es manchmal wirklich hoch her, zumal es nicht an hochprozentigen Getränken mangelte. Leutnant Waldemar Wallkötter, der Stellvertreter unseres Batteriechef, soll dort besonders gelitten haben. Er vertrug wohl nicht so viel Alkohol, war oft am folgenden Tage völlig verkatert und bot dann manchmal einen bedauernswerten Anblick.

*Leicht angeschlagen: Lt. W. Wallkötter*

Bei der - vorsichtig ausgedrückt – gehobenen Stimmung der Offiziere und des gesamten Unteroffizierskorps hätte es wirklich keinen Alarm geben dürfen. Die Batterie wäre nicht feuerbereit gewesen. Das alles blieb aber unter uns. Wäre es bei der Abteilungskommandantur bekannt geworden, hätte es mit Sicherheit Rabatz gegeben.

### Jugendliche Streiche

Wir Luftwaffenhelfer heckten natürlich auch so manchen Streich aus. Oftmals legten wir es geradezu darauf an, unsere Vorgesetzten "auf die Palme" zu bringen. Allmorgendlich nach dem Wecken kam der Unteroffizier vom Dienst (UvD), dem gemeldet werden musste: „Alles wohlauf und gesund!". Diese Meldung des Stubenältesten erfolgte natürlich mit zum Gruß erhobener Hand. Eines Morgens hatte dieser ein feuchtes Handtuch um die Grußhand gewickelt. „Was haben sie denn da?" fragte der UvD. „Einen Mückenstich, Herr Unteroffizier!" kam schnittig die Antwort, und ein allgemeines Gelächter erhob sich. Es juckte uns dann nur wenig, dass uns dieser Spaß eine Stunde Strafexerzieren einbrachte. Manchmal wurden wir auch nach einem Streich zum „Maskenball" aufgefordert. „In fünf Minuten feldmarschmäßig mit Gasmaske antreten!", „In drei Minuten im Turnzeug antreten!", „In vier Minuten im Drillichzeug antreten!", und so ging es weiter. Da wurden wir so richtig munter gemacht.

Die flotten Sprüche, die wir während der zahlreichen unfreiwilligen Liegestütze aufsagen mussten, habe ich noch heute im Ohr: „Ich bin gerne Soldat!", „Ich will länger dienen!", „Mit mir hat die Luftwaffe einen Fang getan!" Dabei kam man ganz schön aus der Puste, insbesondere wenn man beim Hochkommen noch die Hände vor der Brust zusammenschlagen musste. Doch bei allem Ärgernis gab es auch viel Spaß. Wir haben das alles gut durchstanden. Für die Abwechslung sorgten wir meist selbst.

**Nur wenig gelernt**

Erst Anfang Mai wurde der reguläre Schulunterricht wiederaufgenommen. Von nun an erschienen Studienrat Dr. W. Biedermann, der gewissermaßen der Betreuungslehrer der Luftwaffenhelfer der Treitschke-Schule war, und Studienrat Dr. Chr. Groß immer häufiger in unserer Stellung. Sie übernachteten im nahen „Heidekrug". Der Unterricht beschränkte sich jedoch auf wenige Fächer wie Deutsch, Latein, Mathematik, Geschichte und Erdkunde. Viel haben wir mit

Sicherheit nicht gelernt, denn allzu oft fiel der Unterricht aus, weil es nachts längeren Fliegeralarm gegeben hatte. Dennoch erhielten wir am 30. Juni ein Zeugnis über das 3. Trimester des Schuljahres 1943/44, in dem auch unsere Versetzung in die Klasse 7 (Obersekunda) bescheinigt wurde (Doku 4).

## Von 8,8 cm auf 12,8 cm

Doch auch das „Schutzobjekt" Rüttgers-Werke mussten wir - gerade hatten wir unsere Stellung richtig ausgebaut - bald wieder verlassen. Am 23. Juli wurde die gesamte Mannschaft unserer Batterie nach Dortmund-Dorstfeld beordert, wo wir auf dem Güterbahnhof bei einer 12,8 cm Flakbatterie landeten, deren Geschütze auf spezielle Eisenbahnwaggons montiert waren. Bis zum 11. August wurden wir in nahen Baracken untergebracht und dort von unserem bisherigen 8,8 cm Kaliber auf Geschütze mit dem Kaliber 12,8 cm umgeschult. Alles war gewaltiger, vieles aber auch mechanisiert, was die Bedienung deutlich erleichterte.

Ich wurde wieder als Höhenrichtkanonier (K 1) eingeteilt. Anders als bei unseren „kleinen" Geschützen, wo wir stehend mit viel Kurbelei die Rohre richten mussten, saßen wir nun auf sattelartigen Sitzen, und unsere Rohre wurden über ölhydraulisch angetriebene Motoren in die erstrebte Lage gebracht. Wir mussten also eine Menge hinzulernen. Entlastet wurden aber vor allen Dingen die Ladekanoniere, denn die großen Geschütze wurden nicht von Hand beschickt. Hier wurden die Patronen, die von der Zünderstellmaschine kamen, automatisch in das Rohr eingeführt. Aber das Gewicht der Patronen war mit etwa 40 kg auch sehr viel schwerer als bei unseren kleineren Geschützen, bei denen das Patronengewicht bei rund 25 kg lag.

*„Umschüler" bei guter Laune*

An den neuen 12,8 cm-Flakge-schützen erhielten wir gleich auf dem Güterbahnhof in Dort-mund-Dorstfeld eine erneute Feu-ertaufe. Dabei mussten wir bei den Feuergefechten höllisch aufpas-sen, dass uns nicht die ausgewor-fenen überaus heißen Patronen-hülsen trafen, zumal das Gedränge auf der eng begrenzten Plattform durch die zusätzlichen „Lehrlinge" recht groß war. Die Hülsen spran-gen nach dem Aufprall auf den Gitterrosten der Eisenbahnwaggons unberechenbar wie gewichtige Flöhe in die Höhe. Wir wurden stän-dig vor ihnen gewarnt, weil man hier offenbar genügend üble Erfah-rungen gesammelt hatte. Aber bei unserer Ausbildung lief alles gut. Wir konnten ganz zufrieden sein.

## Reise ins Unbekannte

Kaum war die Umschulung beendet, wurden wir auch schon in Gü-terwaggons gesteckt, und es begann für uns eine Reise ins Unbe-kannte, die – so meinten wir – nicht enden wollte. Immer wieder durchfuhren wir uns unbekannte Orte, wurden oft auf Nebengleisen abgestellt. Die Landschaft wurde bergiger. Nachdem wir das Sauer-land durchquert hatten, ging es über die Weser nach Einbeck. Es war irgendwo in Thüringen, als unsere Lokomotive an einem Berg restlos überfordert wurde. Obwohl sie immer wieder Anlauf nahm, drehten die Räder funkensprühend durch. So lagen wir lange Zeit auf offe-ner Strecke und wären sicherlich ein willkommenes Ziel für feindli-che Tiefflieger gewesen, die schon zu dieser Zeit überall in Deutschland herumschwirrten. Es war recht zweifelhaft, ob unser Transport von den zwei auf Spezialwaggons vorne und hinten am überlangen Zug mitgeführten 2 cm Vierlingsgeschützen hätte gesichert werden können. Nach langen bangen Wartestunden kam endlich eine zweite Lokomotive an. Mit vereinten Kräften überwand unser Zug dann schließlich doch diesen Berg. Wir konnten aufatmen.

Am 13. August landeten wir nach dreitägiger Fahrt schließlich in Merseburg und bezogen bei Kötzschen am Rande eines Ackers frei herumstehende Baracken, in denen zuvor Vernebelungstrupps gelegen hatten. Unsere neue Stellung lag, ungefähr 1.200 Meter vom Leuna-Werk entfernt, inmitten von sehr fruchtbaren Feldern, die mit Weizen und Zuckerrüben bestellt waren. Sie war also gewissermaßen noch im Bau. Wir hatten zunächst noch gar keine Geschütze. Es waren lediglich in einem Sechserverband dicke Betonklötze im Boden verankert und darum unter aufgeschütteten Wällen aus Kalksandsteinen gemauerte Bunker für die Munition, die je Geschütz 120 Schuss des großen Kalibers aufnehmen sollten.

Diese Sachlage wurde etwa Mitte August von einem US-Aufklärungsflugzeug aus großer Höhe aufgezeichnet. Die Aufnahme zeigt deutlich die Trichter der unzähligen Bombeneinschläge, die auf dem Gebiet westlich der Leuna-Werke niedergegangen waren. Bei erheblicher Ver-

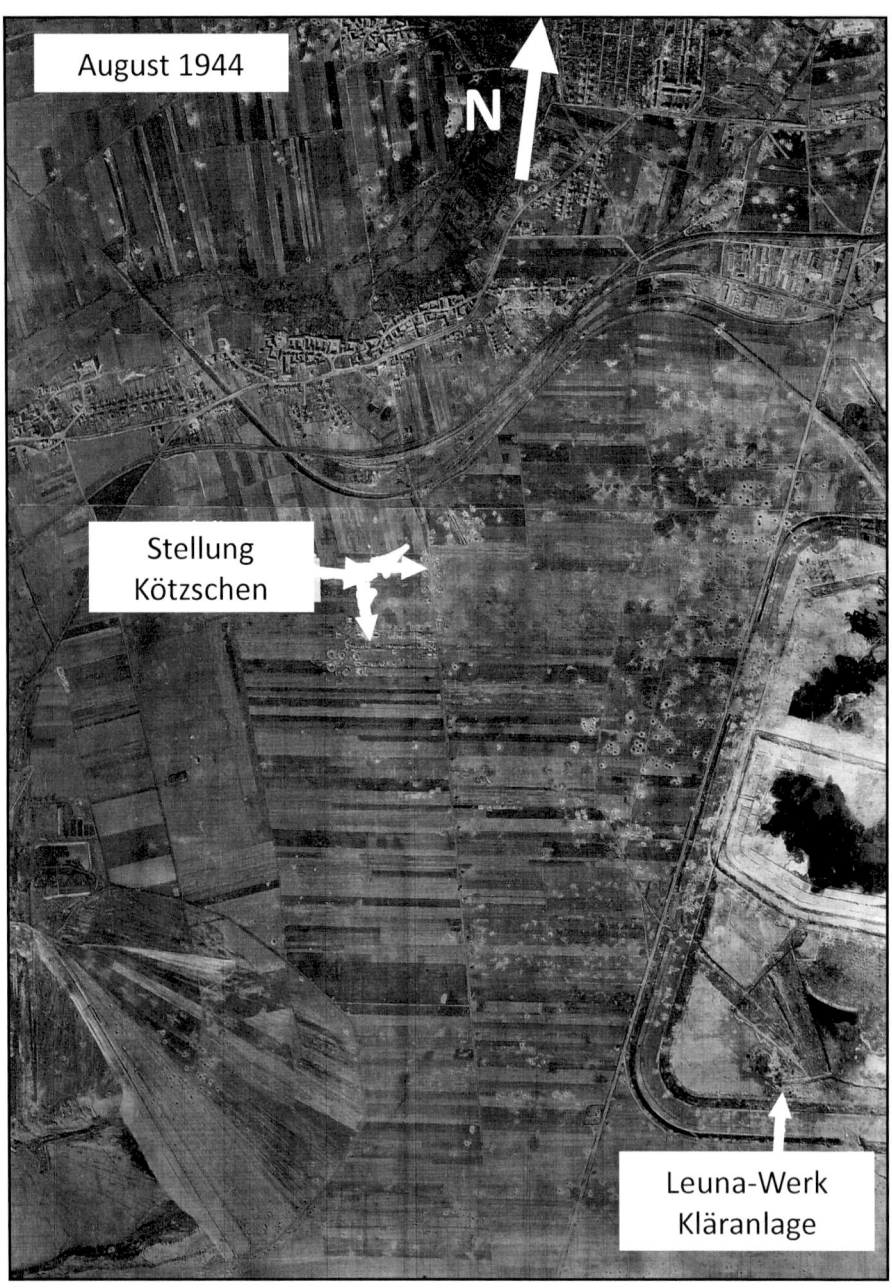

August 1944

N

Stellung
Kötzschen

Leuna-Werk
Kläranlage

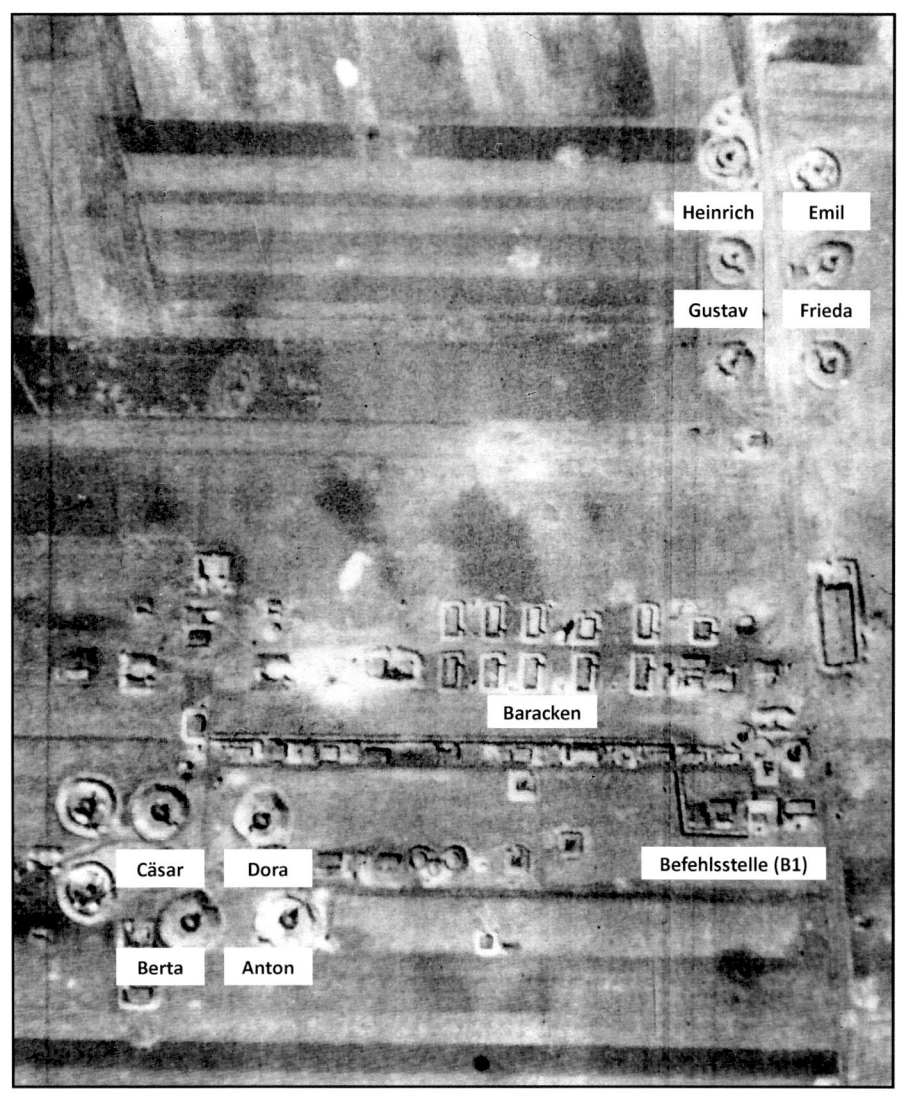

*August 1944: Lufaufnahme (linke Seite) eines US-amerikanischen Aufklärungsflugzeugs von Kötzschen mit dem Leuna-Werk (rechts), die sehr deutlich das von unzähligen Bombeneinschlägen getroffene Gebiet der neuen Flak-Stellung zeigt. In der Vergrößerung ist die noch unbestückte Stellung der 12,8 cm Flak-Doppelbatterie der schweren Flak-Abteilung 406 gut zu erkennen.*

größerung der Aufnahme ist auch die noch unbeschickte Flakstellung bei Kötzschen mit den zweimal sechs Betonsockeln, der Befehlsstelle und den Wohnbaracken ziemlich klar zu erkennen.

## Erster Erholungsurlaub

Da unsere neuen Geschütze noch ausblieben, erhielt ich am 18. August bis zum 3. September Erholungsurlaub. Das kam mir wirklich ganz gelegen. Allerdings konnte ich das Batteriegelände erst um 18:00 Uhr verlassen, erreichte aber über Halle noch Berlin gegen 24:00 Uhr. Die Nacht verbrachte ich im Flak-Bunker am Bahnhof „Zoologischer Garten". Dort war ich im Soldatenkino und sah da den Film „Eine schwache Stunde", und diese hatte ich dann auch wirklich. Meist habe ich geschlafen. Einige Zeit war ich auch im Casino. Richtig froh war ich eigentlich erst, als ich um 8:00 Uhr im Bahnhof Charlottenburg im Zuge nach Wehlau in Ostpreußen, dem ersten Ziel meiner Reise, saß. Über Königsberg kam ich dort gegen 21:30 Uhr an und überraschte meinen Großvater, Schulrat a.D., der in der Ulmenstraße gemeinsam mit seiner Tochter Charlotte wohnte. Sie betreute und pflegte ihn. Die Freude war natürlich groß, zumal Opa Carl am folgenden Tag - dem 20. August - seinen 82. Geburtstag begehen sollte.

Mein letzter Besuch in Wehlau in Ostpreußen – heute Snamensk/ Russland - wird mir wohl ewig in Erinnerung bleiben. Wir besuchten nicht nur das von meinem Großvater im Steintor eingerichtete Heimatmuseum, sondern unternahmen noch vieles andere. Der Garten beschäftige uns sehr, mussten wir dort doch gegen die überhand nehmende Raupenplage ankämpfen. Deutlich überschattet wurden die an und für sich schönen Tage jedoch durch das beständig zuhörende Grollen der bei Gumbinnen liegenden Front. Hier war es den deutschen Truppen noch einmal gelungen, den Ansturm der sowjetischen Truppen für eine längere Zeit zu stoppen.

Durch die Straßen von Wehlau fuhren - fast schon wie eine geschlossene Kolonne - hoch vollgepackte Flüchtlingswagen, die von den Pferden nur mit größter Anstrengung voran bewegt werden konnten. Ganze Herden von Kühen wurden durch die Stadt getrieben, die laut blökten und muhten, da die überaus prallen Euter ihnen Scherzen bereiteten. Sie waren tagelang nicht gemolken worden. Wenn auch immer mal bei

*Schulrat a.D. Carl J. Pacyna*
*(1862-1945)*

einigen von ihnen Milch abgemolken wurde, der Masse konnte nicht geholfen werden. Was für ein Jammer!

*Nördlicher Teil Ostpreußens mit Danziger Bucht und Hinterpommern*

**Im Rodelschlitten über das Frische Haff**

Meinen Großvater aus Wehlau in Ostpreußen sollte ich allerdings nie wiedersehen. Als Anfang Januar 1945 die deutsche Front bei Gumbinnen angesichts erdrückender Übermacht der Russen durchbrochen wurde, machte sich fast die gesamte ostpreußische Bevölkerung bei eisiger Kälte auf die Flucht. Im dicken Pelzmantel verpackt, wurde unser Großvater in Wehlau auf einen Rodelschlitten geladen. Seiner zweiten Tochter Ilse war es gerade noch gelungen, aus Stolp in Pommern – heute Slugsk/Polen -, wo sie ihre Wohnung und ihren Arbeitsplatz hatte, zum Wohnsitz ihres Vaters zu kommen. Beladen mit nur wenigem Handgepäck zogen die beiden Schwestern ihren Vater im Schlepptau nach Königsberg – heute Kaliningrad/Russland - und gelangten an das zugefrorene Frische Haff, das sie unter unbeschreiblichen Strapazen überquerten.

Tatsächlich erreichten sie noch Stolp, wurden jedoch Mitte Oktober von den Polen ohne jegliche Vorankündigung und Rücksichtnahme innerhalb von zwei Stunden aus der Wohnung von Tochter Ilse herausgeworfen. Unterschlupf fanden sie schließlich bei seiner Nichte, die in Fahrland bei Potsdam wohnte. Doch hier verstarb Großvater Carl bereits am 5. November 1945. Die Flucht hatte ihn völlig entkräftet. All dies erfuhr ich erst sehr viel später.

Am 25. August hieß es dann, Abschied zu nehmen. In Königsberg besuchte ich noch meinen kurz nach meinem Dienstantritt bei der Luftwaffe gewonnenen Freund Manfred Fischer, der dort in einer 8,8 cm Flak-Batterie noch als Luftwaffenhelfer im Einsatz war. Über Berlin erreichte ich am folgenden Tage gegen 12:00 Uhr Neuruppin, das zweite Ziel meiner Reise, wo meine Eltern wohnten. Ich fing meine Mutter auf dem Heimweg von ihrer Dienststelle ab. Besonders günstig war, dass gerade das Wochenende begann. So konnten wir gemeinsam mit meinem Vater einiges unternehmen. Auf einem der um Neuruppin liegenden Seen machten wir eine Kahnpartie und betreuten den recht umfangreichen Gemüsegarten. Sonst verbrachten wir die Zeit mit interessanten Gesprächen im Zimmer und genossen die Ruhe.

Sehr günstig war, dass mein Besuch auch den 1. September umfasste, an dem meine Eltern ihren 20. Hochzeitstag – gern als Porzellanhochzeit bezeichnet – begingen und ihn in der damals möglichen bescheidenen Form feierten. Einziger Wermutstropfen war jedoch, dass nur ich als einziger Vertreter ihrer drei Kinder da sein konnte. Aber immerhin einer war erschienen, die anderen konnten einfach nicht. Am 3. September musste ich wieder Abschied nehmen, landete schließlich über Berlin und Halle am folgenden Morgen wieder in unserer Stellung. So schnell verfliegen schöne Urlaubstage!

## Aus 1/217 wurde 8/406

Mit dem Wechsel der Geschütze von 8,8 cm auf 12,8 cm war militärorganisatorisch aus der 1. Batterie der schweren Flakabteilung 217 die 8. Batterie der schweren Flakabteilung 406 geworden. Uns Luftwaffenhelfern juckte die Umbenennung unserer Batterie wenig oder gar nicht, zumal unsere Erkennungsmarken unverändert blieben.

Erst nach und nach trudelten dann bei unserer Doppelbatterie die mächtigen 12,8 cm Flakgeschütze ein, die immerhin eine Schusshöhe von fast 15 km hatten. Die Schussweite betrug beinahe 21 km. Das Rohr dieser Kanonen war über 7,80 Meter lang. Auch mit diesen Geschützen wurde Patronenmunition abgefeuert, deren Gewicht bei rund 40 kg lag. Allein das Geschoss wog 26 kg. Bei Dauerfeuer konnten etwa 12 Schuss pro Minute abgegeben werden.

Unsere 8. Batterie erhielt vier Geschütze, stand aber in engster Verbindung mit einer weiteren, der 7. Batterie der schweren Flakabteilung 406, die ebenfalls über vier Geschütze unseres Kalibers verfügte. Die Geschütze bekamen Namen nach dem Alphabet. „Anton", „Berta", „Caesar" und „Dora" hießen die Geschütze unserer Partnerbatterie, während wir „Emil", „Frieda", „Gustav" und „Heinrich" erhielten.

*12,8 cm Flak 40 auf Plattenlafette*

Ich gehörte zur Mannschaft von „Frieda", Geschützführer war Unteroffizier Rudolf Schrader. Zum Schutz gegen Tiefflieger lag in unserem Batteriebereich zudem noch ein Zug einer 2,0 cm Flakbatterie. Erst nach und nach war diese Doppelbatterie dann feuerbereit. Die Kommandantur der schweren Flakabteilung 406, deren Kommandeur Major der Reserve Anton Rottmann war, befand sich in dem etwa 12 km entfernten Städtchen Frankleben, das im Tal der Diesel liegt.

In der Stellung Kötzschen wurde recht schnell der Schulunterricht wiederaufgenommen. Dazu waren die Studienräte Dr. W. Biedermann und Dr. Chr. Groß von unserer Heimatschule, der Treitschke-Schule in Berlin-Wilmersdorf, abkommandiert worden. Beide wohnten während der Schulzeit unter der Woche in einem Gasthof im Ort, während der Schulbetrieb in einer unserer Baracken stattfand. Dr. Biedermann,

*Unteroffizier Rudolf Schrader, Geschützführer von „Frieda"*

*Unsere 12,8 cm Flak-Geschütze ragten noch deutlich über die hohen Wälle.*

den sehr schnell in unserer Stellung ein tragisches Schicksal ereilen sollte, galt als unser „Betreuungslehrer". Mit ihm kam ich ganz gut klar. Mein Verhältnis zu Dr. Groß, der mich stets mit bedenklicher Mine über seine randlose Brille ansah, war hingegen angespannt, was wohl auch daran lag, dass ich mit seinem Hauptfach, der Mathematik, meist auf Kriegsfuß stand.

## Hoher Fehlstand

Der Schulunterricht litt jedoch ganz erheblich unter den Bedingungen, denn nicht nur in der Nacht, sondern zunehmend auch am Tage gab es immer wieder Alarm, und wir mussten auf unsere Posten eilen. Außerdem war der Fehlstand in der Klasse immer hoch. Mal war dieser, mal war jener von uns im Urlaub. So konnte das eigentlich vorgesehene Schulpensum bei weitem nicht durchgezogen werden. Entsprechend mager war denn auch das, was bei uns sitzen blieb.

An dieser Tatsache führt – so bedauerlich es auch ist - kein Weg vorbei. Aber selbst hier erhielten wir später ein Zeugnis. Mein Freund Horst Drewitz brachte uns die „Giftblätter" aus Berlin mit, als er am 30. Dezember 1944 (!) von einem Erholungsurlaub zurückkam. Mein Zeugnis ist allerdings im Trubel der Ereignisse verloren gegangen. Aus einem Brief an meine Eltern entnahm ich die Benotung: Deutsch, Physik und Handschrift 4 (ausreichend), Latein und Mathematik 3 (befriedigend), Erdkunde, Biologie und Chemie 2 (gut). Der Kopf des Zeugnisses war nichtssagend, er enthielt nur das Datum meines Dienstantritts. Und das war alles.

**Film auf Film**

Während meiner Luftwaffenhelferzeit habe ich eine Vielzahl von Filmen gesehen. Das war auch das Einzige, was uns im Rahmen der Truppenbetreuung geboten wurde. Künstlergruppen wie in Freienbrink erschienen in Kötzschen nicht. Unter diesen Filmen waren zum Beispiel „Trenk der Pandur" und „Goodbye Johnny" mit Hans Albers, „Bel ami" mit Willi Forst, die „Geierwally" mit Heidemarie Hatheier, „Wunschkonzert" mit Carl Raddatz und Ilse Werner, „Der Schritt vom Wege" mit Gustav Gründgens und „Der Glöckner von Notre-Dame" mit Charles Laughton und Mareen O'Hara". Wollte ich alle Filme aufzählen, lang, lang wäre die Liste. Es fehlten auch nicht „Die Feuerzangenbowle", „Der Etappenhase", „Kohlhiesels Töchter" und „Der Verteidiger hat das Wort". Bei meinen gar nicht so seltenen Durchfahrten durch Berlin ging ich – wenn es irgendwie möglich war – in das Soldatenkino im Flak-Bunker am Bahnhof „Zoologischer Garten".

Es soll auch nicht verschwiegen werden, dass ich – zum Teil im Kollektiv – Hetz- und Propagandafilme ansah, so damals selbstverständlich auch „Jud Süß", den antisemitischen Film von Veit Harlan mit Ferdinand Marian in der Hauptrolle, der 1940 in Venedig uraufgeführt worden war, „Ich klage an ..." von Wolfgang Liebeneiner, in dem die Euthanasie befürwortet wurde, und „... reitet für Deutschland" mit Willy Birgel, in dem Regisseur A. M. Rabenalt nationalistisch geprägt das deutsche Sportlertum glorifizierte. Was habe ich mir dabei gedacht? Diese Frage kann ich bei einem zeitlichen Abstand von mehr als sieben Jahrzehnten beim besten Willen nicht beantworten. All diese Filme waren – wen wundert das heute? - von der Reichsfilmkammer, Teil der von Propagandaminister Dr. Josef Goebbels geleiteten Reichskulturkammer, natürlich mit hohen Prädikaten ausgezeichnet worden. Das gilt im Übrigen auch für „Ohm Krüger", den höchst ausgezeichneten Film des „Dritten Reiches". Er trug das Prädikat: „Staatspolitisch und kulturell besonders wertvoll, volkstümlich wertvoll, volksbildend, jugendwert".

## Ziemlicher Kabelsalat

Doch zurück zu unseren Geschützen. Als Höhen-Richtkanonier (K1) hatte ich einen Kopfhörer und ein Kehlkopfmikrophon um den Hals. So war ich mit der Kommandozentrale (B1) verbunden. Meist übergab mir auch noch Geschützführer Unteroffizier Rudolf Schrader seinen Kopfhörer und sein Mikrophon, um sich innerhalb der Umwallung freier bewegen zu können. Die Feuerbefehle liefen dann über mich. Trotz der Vielzahl der Kabel klappte es überwiegend sehr gut. Nur hin und wieder habe ich mich etwas verheddert. Dass das überhaupt möglich war, war vor allem den Erleichterungen zu verdanken, welche die neuen Geschütze durch den Einsatz hydraulisch gesteuerter Ölmotoren bei Richtungsänderungen boten. Und das auch noch im Sitzen!

In der Stellung in Kötzschen war natürlich das 1916 als Ammoniak-werk Merseburg GmbH gegründet Leuna-Werk unser „Schutzobjekt" Nummer 1. Allein schon seine gewaltige Größe war beeindruckend. Die zahlreichen, in langer Linie stehenden hohen Schornsteine waren ein Blickfang in der nahezu ebenen Landschaft mit tiefgründigen fruchtbaren Lössböden. Gebaut wurde das Leuna-Werk von der Badischen Anilin- und Soda-Fabrik (BASF). Es war später zu 75 % im Besitz der I.G. Farbenindustrie AG. Kriegswichtig war nicht nur die Produktion von Stickstoff, sondern vor allen Dingen die synthetische Gewinnung von Benzin über die Hydrierung von Braunkohle, die es in dieser Gegend Deutschlands reichlich gab. Es war also kein Wunder, dass die Briten und US-Amerikaner während des Krieges alles daransetzten, die Produktion dieses Werkes auszuschalten. Fast regelmäßig wurde es von starken Bomberverbänden angegriffen. Sobald auch nur einer der vielen Schornsteine normal Rauch ausstieß, waren sie zur Stelle. Offensichtlich klappte das Spionagesystem der Alliierten ganz hervorragend.

*Das Leuna-Werk, das Hauptschutzobjekt unserer Batterie, war mit seiner imponie-renden Reihe hoher Schornsteine ein Blickfang in der relativ flachen Landschaft bei Merseburg in Sachsen. Es lag nur rund 1 200 Meter von unserer Stellung entfernt.*

## Ein ganz schwarzer Tag

Das sollte unsere nur etwa 1.200 m vom Werk entfernt liegende Batterie deutlich zu spüren bekommen. Bereits am 10. September kamen wir mit unseren neuen Geschützen erstmals zum Schuss. Alarme hatten wir fast täglich, manchmal mussten wir auch zwei-, drei-, sogar viermal zu den Kanonen hetzen. Der 28. September 1944 wurde für unsere Batterie ein ganz schwarzer Tag. Wir gerieten in einen Bombenteppich. Die gemeinsame Befehlsstelle (B1) unserer Doppelbatterie erhielt einen Volltreffer von einer 250 kg-Spreng-

*Die 250 kg-Sprengbombe, die in die Befehlsstelle ( B 1 ) unserer Doppel-Batterie einschlug, hinterließ einen gewaltigen Krater und hatte verheerende Folgen.*

bombe. Das 4 m breite optische Messgerät wurde aus seinem Fundament gerissen, der Erdwall völlig zerstört, ebenso die unter der Erde befindliche Umwertung, in der die optisch erfassten Werte auf die genauen Richtungsangaben für die Geschützstaffel umgerechnet wurden. Auch das Radargerät wurde hart betroffen. Die Geschützstellungen kamen glimpflich davon, da keine Bomben innerhalb der Umwallungen, sondern lediglich im nahen Umfeld einschlugen.

Als wir von der Geschützstaffel nach Abzug des Bomberverbandes zur Befehlsstelle eilten, bot sich uns ein Bild des Grauens. Die Batterie hatte acht Tote zu beklagen, darunter auch ihren Chef, Oberleutnant Erwin Ottermann. Zudem wurde unser „Betreuungslehrer" von der Treitschke-Schule, Studienrat Dr. W. Biedermann, von einem Bombensplitter tödlich verletzt. Die Toten wurden unter einer Plane nebeneinandergelegt.

*Unser „Betreuungslehrer" Studienrat Dr. W. Biedermann*

In den Trümmern fand ich das abgerissene Bein eines Kameraden, das ich nun – ich war damals 16 Jahre alt - zum Sammelpunkt tragen musste, um es dort neben dem Körper seines Besitzers abzulegen. Hier zeigte sich mir das ganze Grauen eines Krieges. Hier endete eigentlich auch meine Jugendzeit. Erfreulicherweise war unter den Toten - welch ein Wunder - keiner der Luftwaffenhelfer.

Unsere gefallenen Kameraden wurden, soweit sie nicht in ihre Heimatorte überführt werden konnten, dann vor der Friedhofskapelle in Kötzschen in Särgen, die mit der Reichskriegsflagge abgedeckt waren, feierlich aufgebahrt. Auch wir Luftwaffenhelfer hielten bei ihnen stundenweise Wache. An unsere Nieren ging dann ganz besonders die Beisetzung unserer Gefallenen. Nachdem ihre Särge in die Gruften abgesenkt worden waren, feuerte eine Gruppe ihrer Kameraden drei Salven Ehrensalut ab, die weit ins Land hinausdrangen. Sie hatten ihr Leben vollendet. Aber wie?

Bei diesem für unsere Batterie so folgenschweren Angriff stürzte in nur wenige hundert Meter Entfernung von unserer Stellung das Heckteil eines Bombers zu Boden. Es handelte sich um eine US-amerikanische viermotorige Boeing B17, deren großes H auf der Finne zeigte, dass die Maschine zur 306th Bomb Group gehörte, die im

Herbst 1944 an zahlreichen Angriffen auf die Raffinerie in Merseburg beteiligt war. Die Absturzstel-
le wurde bis zum Abtransport der
Trümmer ständig streng bewacht,
wohl um Neugierige fernzuhalten
und Souvenirjägern - auch diese
gab's schon damals - keine Chancen zu bieten.

**Makabre Missachtung**

*Die Friedhofskapelle von Kötzschen*

Während es einigen Besatzungs-
mitgliedern des Bombers mit Hilfe ihrer Fallschirme gelang, wenigstens ihr nacktes Leben noch zu retten, stürzten zwei ihrer Kameraden mit dem Heck der Maschine ab. Ihre bis zur Unkenntlichkeit
verkohlten Leichen wurden zunächst in einem neben der Kötzschener Friedhofskapelle gelegenem Raum zusammengetragen. Sie la-

*Das Heckteil eines US-Bombenflugzeuges stürzte wenige hundert Meter von unse-
rer Stellung zu Boden. Um Neugierige und auch Souvenierjäger von der Absturz-
stelle fernzuhalten, wurde diese Tag und Nacht bewacht.*

gen auf kaltem Kachelboden. Gemeinsam mit einigen Kameraden unserer Batterie sahen wir uns die Opfer an. Als äußerst makabre Zugabe stieß einer der Bewacher mit der Schuhspitze an einen der verkohlten Schädel, der leicht ins Trudeln geriet. Musste man wirklich mit einer solchen Missachtung selbst getöteten Feinden gegenüber auftreten?

Was ich dabei empfand, kann ich beim besten Willen auch heute noch nicht in Worte fassen. Hatte der harte Krieg auch uns schon völlig abgestumpft oder gar gefühlslos gemacht? Ich weiß es nicht. Am 4. Oktober nahmen auch wir Luftwaffenhelfer an der Beisetzung von fünf abgestürzten US-amerikanischen Bombenfliegern teil. Das hatten sie – so meine ich - auch verdient.

Dieser Bomberabschuss wurde zwar unserer Batterie zuerkannt, aber Freude konnte da nicht aufkommen. Der Anblick der toten Kameraden und Feinde war nicht nur für mich, sondern für viele von uns ein harter Schock. Wir brauchten alle eine längere Zeit, um diesen zu überwinden.

## Flaktätigkeitsabzeichen erhalten

Zusammen mit den meisten meiner Kameraden wurde mir am 24. November 1944 das Flaktätigkeitsabzeichen verliehen, ein Stoffabzeichen, das kundtun sollte, dass der Träger aktiv in einer Flakbatterie bei zahlreichen Angriffen mitgewirkt hat. Ich erinnere mich nicht genau an das Aussehen. Es wurde lediglich an der Ausgehuniform getragen, und zwar am linken Unterarm. Die Verleihung musste aber im Personalausweis (Doku 3) eingetragen sein. Es war gewissermaßen die Vorstufe zum Flak-Kampfabzeichen der Luftwaffe.

Unsere Flak-Stellung in Kötzschen erwies sich weiterhin als ein überaus heißes Pflaster. In der Folgezeit gab es tagtäglich Fliegeralarm.

Man sprach schon von einer gewissen Regelmäßigkeit.

Daran mussten wir uns erst gewöhnen. Am 2. November feuerten wir mit unserer „Frieda" 157 Schuss ab. Alles lief wie am Schnürchen. Es gab erfreulicherweise keinen Hül-

Das Leuna-Werk bei Merseburg nach einem Angriff von unserer Befehlsstelle aus fotografiert.

senklemmer, der uns zu einer Unterbrechung der Schussfolge gezwungen hätte. Wir hatten wirklich eine beachtliche Rekordleistung vollbracht, auf die unsere ganze Mannschaft – ich meine zurecht – stolz sein konnte. Auf dem Rohr hätte man ohne weiteres Spiegeleier braten können. So viel Hitze hatte sich da aufgebaut.

Die Rekordjagd nach der höchsten Zahl von abgegebenen Schüssen trieb allerdings auch sonderbare Blüten. Zum besseren Verständnis hier zunächst eine Vorbemerkung: Unsere Geschütze waren mit der Befehlszentrale jeweils über einen dicken Kabelstrang verbunden. Doch diese Umdrehungskabel konnten – vom Nullpunkt aus gesehen – nur zweimal links- bzw. rechtsherum gedreht werden. Wenn einer der Endpunkte erreicht war, musste eigentlich eine Feuerpause eingelegt werden, um die von der B1 kommenden Werte wieder einstellen zu können. Die Mannschaft von „Gustav" aber, die von Unteroffizier Helmut Palm, einem aus Sachsen stammenden Original, befehligt wurde, feuerte einmal – so konnte ich beobachten – sechs Schuss in alle Himmelsrichtungen ab, nur um mit den anderen

Geschützen hinsichtlich der abgegebenen Schüsse Schritt halten zu können. Da zeigte sich doch ein recht zweifelhafter und teurer Ehrgeiz.

Noch sehr viel problematischer als bei den 8,8 cm-Gechützen war bei unseren großkalibrigen Kanonen die Beseitigung der nach jedem Schuss ausgestoßenen Patronenhülsen während eines Gefechts. Jede Feuerpause wurde genutzt, um diese aus der Umwallung zu bringen. Da die Hülsen sehr heiß waren, musste man dazu dicke Handschuhe anziehen. Hier hatten unsere russischen „Hiwis" ein weiteres Betätigungsfeld. Wenn es eng wurde, beförderten sie die Hülsen direkt nach dem Abschuss im hohen Bogen auf die Umwallung. Und das war jedes Mal ein Kraftakt.

**Musterung in Halle an der Saale**

Nach einem Kurzurlaub, den ich vom 8. bis 12. Dezember in Berlin und Neuruppin verbrachte, musste ich am 13. Dezember gemeinsam mit einigen Kameraden zur Musterung nach Halle auf die dortige Kommandantur. Splitterfasernackt mussten wir uns einzeln vor der Kommission, die dicht beieinander auf einem Podest saß, in strammer Haltung aufbauen, uns drehen und wenden sowie allerlei Verrenkungen machen. Alles ging ruckzuck. Als der Musterungsbescheid eintraf, war ich – das gestehe ich offen - zutiefst enttäuscht. Obwohl ich nun schon mehr als elf Monaten als Luftwaffenhelfer im Einsatz war, hatte mich die Kommission als „nicht kv" (kv. = kriegsverwendungsfähig) eingestuft. Ich war ja auch an einem berühmtberüchtigten „13." gemustert worden! Andere wären hingegen über eine derartige Beurteilung überglücklich gewesen.

Als ich das Ergebnis der Musterung meinen Eltern mitteilte, antwortete mir mein Vater: „Dass Du nicht kv bist, hat uns ebenso überrascht wie Dich, und wir können uns gar nicht erklären, woran das liegen kann. Selbstverständlich ist theoretisch eine Nachuntersuchung möglich. Sie auch in der Praxis durchzusetzen, ist eine Frage des Geschicks und der günstigen Gelegenheit. Am besten ist wohl, wenn Du in guter Stunde ein offenes Wort mit Deinem Batteriechef sprichst". Tröstend fügte er noch hinzu: „Im Übrigen aber, mein Junge, blase kein Trübsal. Auch als Luftwaffenhelfer kannst Du Deinen Mann stellen. Zu Minderwertigkeitsgefühlen hast Du nicht den geringsten Anlass, wenn ich auch Deinen Ärger sehr wohl verstehe." Die weitere Entwicklung der Kriegsereignisse erübrigte jede weitere Diskussion über dieses Thema.

## Psychologisch geschulte „Werber"

In den Feldpostbriefen an meine Eltern berichtete ich ihnen mehrfach über „Werber", die immer wieder in unserer Stellung aufkreuzten. Sie kamen von den verschiedensten Waffengattungen, von der Panzertruppe, von den Panzergrenadieren über Fallschirmjäger bis hin zur Waffen-SS, der Divison „Das Reich" und der Division „Hitler-Jugend". Ihre Auftritte waren psychologisch geschickt aufgebaut: Wir haben die allerbesten Ausbilder, wir haben die modernsten Waffen, wir werden immer dort eingesetzt, wo echte Kerle gefordert werden, und so weiter und so weiter. Teilweise war ihr Auftreten richtig aggressiv. Sie wandten alle Tricks der Überredungskunst an, um jemanden zur Unterzeichnung einer Freiwilligen-Meldung zu bewegen. Schließlich wollten die „Werber" ihren Vorgesetzten ordentliche Erfolge ihrer Tätigkeit vorweisen. Am härtesten traten dabei die „Werber" von der Waffen-SS auf.

Als ich in der Zeit vom 23. bis 26. Oktober zu einem Kurzurlaub nach Neuruppin kam, wurde dieses Thema von meinem Vater sofort aufgegriffen, weil er offensichtlich verhindern wollte, dass ich in die Fänge der Waffen-SS gerate. Er hatte wohl von zahlreichen „Sondereinsätzen" gerade dieser Truppe gehört. Er riet mir, mich möglichst bald freiwillig bei einer mir genehmen Truppengattung zu bewerben. So meldete ich mich am folgenden Tag direkt auf der Kommandantur des in Neuruppin stationierten Artillerie-Regiments und wurde dort als Kriegsfreiwilliger und Offiziersanwärter registriert. Der Dienstantritt lag zwar noch in weiter Ferne, aber die mir übergebenen Papiere reichten völlig aus, um jeden in unserer Stellung neuerlich auftretenden „Werber" von der Aussichtslosigkeit seiner Bemühungen um mich zu überzeugen. Luftwaffenhelfer, die sich freiwillig gemeldet hatten, trugen eine rote Kordel um die Schulterklappen ihrer Ausgehuniform.

## Ein flotter neuer Batteriechef

*Unser neuer Batteriechef Oberleutnant Rudolf Werner Förster*

Die durch den Tod von Oberleutnant Erwin Ottermann cheflos gewordene Batterie wurde schon am 29. September von Oberleutnant Rudolf Werner Förster übernommen, einem recht flotten Offizier mit besonderen Allüren, an die wir uns erst gewöhnen mussten. Typisch war für ihn, dass er am Eingang seiner Wohnbaracke sofort ein Schild aufstellen ließ: „Radfahrer absteigen!" Damit meinte er Leute, die stets versuchten, sich bei ihren Vorgesetzen einzuschmeicheln, während sie nach unten allzu gerne auskeilten. Solche Menschen wollte er nicht um sich haben. Sein Auftreten erschien für so manchen arrogant, aber er war keineswegs unnahbar. Er zeigte von Anfang an Interesse auch für die Belange von uns Luftwaffenhelfern und hatte für uns immer ein offenes Ohr.

Nach jedem Angriff, bei dem unsere Batterie zum Schuss gekommen war, musste die Munition an den Geschützen wieder aufgefüllt werden. Das war oft ein gewaltiges Stück Arbeit, bei der vor allem unsere „Hiwis" eingesetzt wurden. Unsere Munitionsvorräte lagen nicht nur in den Bunkern der zwei nicht bestückten Umwallungen, sondern auch in einer nahe gelegenen Mergelgrube, wo wir ebenfalls Bunker hatten. In der Stellung Kötzschen stand für uns ebenfalls oft Munitionsputzen auf dem Programm. Doch hier war nicht der Sand, sondern der Rost der große Feind. Hülsenklemmer sollten unbedingt vermieden werden. Also ging es mit Putzwolle eifrig ans Werk, bis es schließlich für die Munition mit einem Öllappen den letzten Schliff gab.

**Aufheiterung der Stimmung erforderlich**

Das war freilich eine äußerst stupide und langweilige Arbeit, an die wir uns aber mittlerweile gewöhnt hatten. Um dann die Stimmung wenigstens ein wenig aufzuheitern, wurden Witze erzählt und lauthals Lieder angestimmt. Hoch im Kurs stand dabei besonderes das Lied: „Stumpfsinn, Stumpfsinn, oh mein Vergnügen, Stumpfsinn, Stumpfsinn oh meine Lust, gäb's keinen Stumpfsinn, gäb's kein Vergnügen, gäb's keinen Stumpfsinn, gäb''s keine Lust!" War das vielleicht verwunderlich? „Hoch auf dem Gelben Wagen" und Bolles abenteuerliche Pfingstreise nach Pankow, die für ihn trotz zahlreicher negativer Ereignisse durchaus amüsant war, standen ebenso auf dem Programm wie der so bedauernswerte Tod von Fritze Bollmann, dem Barbier aus Brandenburg, der beim Angeln mit seinem Kram in den See fiel und jämmerlich ertrank. Aber mit diesen Liedern verging die Zeit wirklich etwas schneller.

Die Äcker um unsere Stellung herum waren, wie eine US-amerikanische Luftaufnahme von Mitte August 1944 sehr deutlich zeigt (siehe

Seite 44), insbesondere in Richtung Leuna-Werk mit zahlreichen Bomben-Blindgängern gespickt. Nach ihrer Entschärfung durch spezielle Bergungstrupps, die ohne großes Aufsehen ihre hochgefährliche Arbeit verrichteten, wurden sie zum Abtransport an den Wegrändern bereitgelegt. Meist handelte es sich um Sprengbomben mit einem Gewicht von 250 Kilogramm. Sie boten eine oft willkommene Gelegenheit, um ein Erinnerungsfoto zu schießen.

*Dieter Göbel und Klaus Prescher posieren auf entschärften Blindgängern von 250 kg-Bomben.*

Die Baracken, die wir in der Kötzschener Stellung alsbald beziehen konnten, lagen wie in Freienbrink einen Meter unter dem Erdniveau und waren von Schutzwällen umgeben. Jeweils zwölf Mann teilten sich eine „Bude". Gleich am Eingang war der Aufenthaltsbereich, in dem auch Unterricht abgehalten wurde. Dort stand ein Kanonenofen, der aber in der kalten Jahreszeit nicht ausreichte, um auch den hinteren Teil der Baracke zu erwärmen. Nicht selten bildete sich dann auf der Waschschale nachts eine Eisschicht. Obwohl wir keine direkte Wasserleitung hatten und das benötigte Wasser mit Kannen heranschleppten mussten, fühlten wir uns in unserer Behausung im Großen und Ganzen recht wohl.

Hier genossen wir auch unsere Freizeit, die leider meist recht kurz bemessen war. Ohnehin hatten wir Tag und Nacht Einsatzbereitschaft. In den wirklich freien Stunden schmückten wir zunächst unsere Bude aus. Wir wollten es gemütlich haben. Oft machten wir Gesellschaftsspiele wie Rommé, Halma, Poch und „Mensch ärgere Dich!". Es wurde auch Skat gedroschen. Hin und wieder spielten Peter Kratzenberg und/oder Hans-Joachim Rietenbach auf ihren Schifferklavieren, und wir sangen dazu meist aus vollem Hals viele, viele Lieder. Unter uns waren natürlich auch ausgesprochene Leseratten.

Ich griff vor allen Dingen zum Federhalter und schrieb unzählige Briefe nicht nur an meine Eltern und Geschwister, sondern auch an meine Verwandten und meine so zahlreichen Freunde. Auch mit Ruth Fischer führte ich einen regen Briefwechsel. Das führte selbstverständlich dazu, dass ich auch eine große Menge Post erhielt, um die mich so mancher Kamerad beneidete. Ein Freund schickte mir eine Feldpostkarte, der das Thema „Hitler-Jugend im Kriegseinsatz" aufgriff (Doku 5). Eine noch heroisiertere Darstellung könnte man sich gar nicht vorstellen.

*Es konnte auch in unseren Baracken recht gemütlich sein.*

Im Herbst bereitete uns jedoch der auf allen Wegen stehende, schwarzbraune Schlamm manchen Kummer. Hölzerne Lattenroste,

*Morgenappell im schwarzbraunen Kötzschener Schlamm*

die wir zu Pfaden zusammenlegten, brachten zwar ein wenig Entlastung, verhinderten jedoch nicht, dass unsere Klamotten, insbesondere die Schnürstiefel, ständig verdreckten. Und dabei mussten wir unsere Buden sauber halten, wenn wir Ärger mit unserem Betreuungsunteroffizier vermeiden wollten. Zur Reinigung musste manche Putz- und Flickstunde herhalten.

Auch in der Stellung Kötzschen war die Verpflegung gut und reichlich. Gar manches Mal gab es Sonderrationen. Bei uns Luftwaffenhelfern war eine recht steife Milchsuppe besonders beliebt. Wir stellten uns beim „Essenfassen" stets in langer Schlange an, bekamen unseren Schlag ins Kochgeschirr, tranken die Suppe - so heiß, wie sie war - sofort aus, und schon standen wir erneut am Ende der Schlange, um noch einen Nachschlag zu ergattern. Da waren wir wirklich fixe Jungen! Aber auch sonst verstand es unser Batteriekoch, gutes Essen in der Gulaschkanone zu zaubern.

Sehr begehrt war bei uns Luftwaffenhelfern auch die Kaltverpflegung, die meist aus Kommissbrot, Butter oder Margarine und etwas Wurst oder Käse bestand. Hier zeigten sich unsere doch unterschiedlichen Charaktere. Während die einen eine recht sorgfältige Einteilung vornahmen, zogen es andere vor, sofort alles auf einmal zu vertilgen. Besonders mundete uns auf dem Kanonenofen geröstetes Kommissbrot. Wer seinen Belag zu schnell verpulvert hatte, musste zur Sättigung dann mit einer Röstbrotscheibe vorliebnehmen, die - mit etwas Salz bestreut - auch recht schmackhaft war. Eine große Vorratswirtschaft betrieben wir jedenfalls nicht, hatten wir doch damit schlechte Erfahrungen gemacht. Ohne Kühlschrank war uns anfangs so manches verdorben. Da war alles im Magen am besten aufgehoben.

## Manchmal auch Reibereien

Wenn so zehn bis zwölf „Halbstarke" dicht bei dicht in einer Bude hausen, gibt es auch manchmal Reibereien. Das dürfte wohl verständlich sein. Sie hielten sich bei uns jedoch ziemlich in Grenzen. Obwohl wir uns gut verstanden, fehlte es aber auch nicht an Frotzeleien. Wiederholt gelang es meinen Kameraden, mich so richtig in Rage zu bringen. Die Bezeichnung als „Urgermane" nahm ich noch mit Gelassenheit hin, wenn sie mich aber mit dem Obergefreiten

*War der Gefreite Hans Vigola wirklich mein Ebenbild?*

Hans Vigola, einem recht schmächtigen Mann mittleren Alters verglichen, konnte ich aus der Haut fahren. So war ich eben, und daran hatten meine Kameraden nicht gerade selten ihre Freude. Und wenn sie mich so richtig aufgeregt hatten, und ich fast in Weißglut geriet, rief mir mein Klassenkamerad Helmut Ey allzu gerne zu: „Entschlacke richtig, das ist wichtig! Mal wieder Ki-Ka-Kana Entschlackungskur?!" Da kühlte ich schnell wieder ab. Den anderen hat es jedenfalls viel Spaß gemacht. Und Spaß soll man bekanntlich niemandem verderben.

## Volksempfänger unentbehrlich

Um das Kriegsgeschehen um uns herum zu erfassen, hörten wir regelmäßig die Nachrichten, die uns über unseren Volksempfänger zu getragen wurden. Da spielten die täglichen Wehrmachtsberichte eine große Rolle. Sie waren schon zu dieser Zeit oft sehr bedrückend. Sondermeldungen, die stets mit hellen Fanfarenklängen angekündigt wurden, hatten nur noch Seltenheitswert. Nur in wenigen, ganz besonderen Fällen - wie Reden des Führers oder des Reichspropagandaministers - wurde unsere ganze Mannschaft in die Kantine beordert. Dann kam es dort natürlich auch zu Diskussionen, welche die unterschiedlichen Meinungen offenkundig machten. Man muss auch bedenken, dass das Fernsehen damals noch in den Kinderschuhen steckte, und wir uns nicht mit dem Handy schnell mit den Eltern, Geschwistern oder auch anderen Vertrauenspersonen in Verbindung setzen konnten.

## Miesmacher am Werk

Über die Stimmung in unserer Batterie berichtete ich auch meinen Eltern in einigen der zahlreichen Feldpostbriefe, die ich beinahe regelmäßig an sie schickte. Mich bedrückte die defätistische Haltung verschiedener Dienstgrade. Die Gruppe der Miesmacher nahm zudem im Laufe der Zeit deutlich erkennbar zu. Auch mein Vater griff diese Thematik in verschiedenen Antwortschreiben auf. Er warnte mich davor, diese Gruppe überzubewerten. In harten Zeiten gäbe es immer zahlreiche Pessimisten, denen man auf zukunftssichere Art offen entgegentreten müsste. Er und auch meine Mutter versuchten eigentlich ständig, mir Mut zu machen. Ich sollte keinesfalls den Glauben an eine gesicherte Zukunft verlieren. Und so verhielt ich mich auch und ließ mich von den Miesmachern nicht beeindrucken.

Es war nun einmal Krieg, bei dem jeder auf seinem Posten seine Pflicht zu erfüllen hat. Basta!

## Schlag auf Schlag

Und weiter ging es Schlag auf Schlag. Am 21. November flog mitten in einem Gefecht, bei dem wir mit unserer „Frieda" 41 Schuss abfeuerten, plötzlich mit ohrenbetäubendem Knall Geschütz „Heinrich" von unserer Batterie in die Luft. Patrone und Granate waren beim Abschuss im Rohr explodiert. Es war ein sogenannter „Rohrkrepierer". Das gewaltige Rohr des 12,8 cm-Gschützes zerriss und fiel über die Rücken der beiden Richtkanoniere zu Boden, während die Rohrmündung auf der Umwallung über einem Munitionsbunker hängenblieb. Der Rohrvorholer, der oberhalb des Rohres angebracht war und sicherlich um die 200 kg wog, flog im hohen Bogen über unser Geschütz hinweg und landete im Acker.

Da wir weitere Schießbefehle von der Kommandostelle erhielten, konnten wir das Ausmaß des Geschehens zunächst nicht erkennen. Es stiegen zwar Rauchwolken auf, aber das Getöse des Gefechts übertönte alles andere. Der Brand konnte schnell gelöscht werden, so dass es nicht zu weiteren Explosionen von Patronen in den Munitionsbunkern kam. Zum Glück gab es nur einen Schwerverletzten. Es war der Höhen-Richtkanonier, also mein „Amtskollege". Das gab mir zu denken! Wenn das bei unserer „Frieda" geschehen wäre, was wäre dann?

## Sortieren und nochmals sortieren

Das Nachspiel, das die Explosion von „Heinrich" auslöste, war ungeheuerlich. Zunächst erhielt die Batterie – ich weiß nicht mehr wie lange – Feuerverbot. Das war durchaus verständlich und erschien uns allen logisch. Aber wie hatte das Unglück passieren können? Diese Frage interessierte nicht nur unsere Batterieführung, sondern auch den ganzen Stab unserer Flakabteilung in Frankleben. Handelte es sich um einen Sabotageakt? War die Munition bewusst auf eine Sofortexplosion präpariert worden? Es gab langwierige Untersuchungen. Zunächst wurde festgestellt, dass in die zerfetzte Patronenhülse als Kennzeichen des Herstellers und des Fabrikationsortes ein „guv" in etwa ein Zentimeter Größe eingraviert war.

Es folgte der Befehl, alle Patronen mit dieser Kennzeichnung herauszusortieren, ein Unterfangen, das viel Arbeit bedeutete. Schließlich lagen in den Bunkern allein in den Wällen eines jeden Geschützes rund 120 Schuss. Hinzu kam noch die Munition, die in den Bunkern der unbesetzen Umwallungen und in den Bunkern in der nahen Mergelgrube lagen. Jede einzelne Patrone musste herausgenommen und untersucht werden, und das bei einem Gewicht von etwa 40 Kilogramm.

**Kreide war ein Fehler**

So begann das große Sortieren. In einer anderen Batterie unserer Flakabteilung hatte es ebenfalls einen Rohrkrepierer gegeben. Dessen zerborstene Hülse trug aber die Kennzeichnung „vbg". Also mussten auch diese Patronen auf die Seite gelegt werden. Dann wurde angeordnet, alle Patronen deutlich sichtbar mit den Kürzeln zu beschriften. Das wurde mit Kreide gemacht, ein Fehler, wie sich herausstellte. Die Kreide zog Wasser an, wodurch es auf den Patronenböden munter zu rosten begann. Rost war aber unbedingt sofort zu beseitigen. Die Kreide musste wieder abgekratzt werden, und die Beschriftung wurde dann mit Ölkreide erneuert.

# "Unser Rohrkrepierer"

*So sah es beim guten „Heinrich" nach dem Rohrkrepierer aus. Das Rohr war ziemlich unten auseinander geborsten, auf der Seite der Richtkanoniere zu Boden gefallen und auf der Umwallung aufgeschlagen. Der Höhen-Richtkanonier – das war mein Platz an der „Frieda" - wurde dabei als einziger schwer verletzt.*

## Alliierte bestens informiert

Offenbar waren die Alliierten sehr schnell darüber informiert, dass die 12,8 cm-Batterien Feuerverbot hatten. Prompt flogen die Briten einen erneuten Angriff auf unser Hauptschutzobjekt, das Leuna-Werk. Wir durften uns diese Attacke nur aus Deckungslöchern, die wir uns im freien Feld graben mussten, beobachten. Wie gerne hätten wir geschossen, aber Befehl ist Befehl, Verbot ist Verbot.

Sehr schnell wurde der explodierte „Heinrich" abgebaut und durch ein nagelneues Geschütz ersetzt. Dieses musste allerdings erst „eingeschossen" werden. Wichtig war vor allen Dingen die Ermittlung der Anfangsgeschwindigkeit der Granaten, die möglichst bei 880m/sec liegen sollte. Deshalb wurde ein „V-Null-Schießen" durchgeführt. Dabei wurden einige Granaten durch in der Nähe installierte Rahmen geschossen. Auf elektronische Art und Weise wurde die Anfangsgeschwindigkeit der Geschosse ermittelt. Das war natürlich auch für uns Luftwaffenhelfer eine ganz interessante Sache. So mangelte es

*Ein V-Null-Schießen war schon interessant.*

nicht an neugierigen Zuschauern. Selbst die Mutter der Batterie, Hauptwachtmeister Heino Töllstedt, wurde von diesem Ereignis angezogen.

Der nächste Großangriff auf das Leuna-Werk folgte bereits am 25. November. Wir feuerten mit unserer „Frieda" immerhin 60 Schuss auf die in Wellen anfliegenden Bomber ab. Dann aber fiel unser Geschütz wegen eines Laschenbruchs aus. Für mich und meine Kameraden ging aber das Gefecht weiter. Mir wurde befohlen, für „Gustav" Munition heranzuschleppen. Schon am 31. November griffen erneut Bombengeschwader der Royal Air Force unser Hydrierwerk bei Merseburg an. Wir schickten ihnen 32 unfreundliche, hoch brisante Grüße entgegen.

## Im Bombenteppich

Offensichtlich wurde der Bombenschütze des Leitflugzeuges dieses Geschwaders dadurch verunsichert, so dass der ganze Pulk vorzeitig seine Bombenlast abwarf. 156 (einhundertsechsundfünfzig) 250 kg-Bomben fielen auf das Gelände unserer Batterie. Zum Glück schlugen alle Bomben in den freien Acker, keine einzige fiel in unsere Umwallungen. Ein äußerst hartes Los traf allerdings den „Hiwi" Wassili, einen äußerst kräftigen Kerl, der aus unserer Umwallung herauslief, als er den heranrauschende Bombenteppich hörte. Er geriet zwischen drei Bombeneinschläge und wurde total verschüttet. Wir befürchteten schon das Schlimmste. Schnell gruben wir ihn aus, er war völlig verstört, aber – welch' ein Wunder! – unverletzt, keiner der unzähligen Splitter hatte ihn erwischt. Da kann man nur von Dusel sprechen.

In den Bomberstaffeln der Alliierten mangelte es offenbar an vollausgebildeten Bombenschützen, die auch bei Beschuss durch die

Flakartillerie in der Lage waren, ein Ziel sicher anzupeilen und so für eine hohe Trefferquote des gesamten Pulks zu sorgen. Diese saßen in den Leitflugzeugen, die – wenn sie erkannt wurden – von der Flak besonders ins Visier genommen wurden. Durch den Abwurf einer Rauchbombe wurde den anderen Bombern das Signal zum Abwurf ihrer gesamten brisanten Ladung gegeben. Die auf diese Weise niedergehenden Bombenteppiche hatten, sofern sie im Ziel lagen, eine verheerende Wirkung.

Die Bombenangriffe auf unser Schutzobjekt wurden immer offensiver. Geschützt durch Jagdflugzeuge, flogen die feindlichen Bomberpulks in großer Höhe, wo sie nur von den schwersten Flakgeschützen erreicht werden konnten, und diese waren direkt um das Leuna-Werk konzentriert. Wirksamer Beschuss war daher erst kurz vor dem Ziel zu erwarten. Und so kam es auch.

### Erhebliche Umschichtung

Bereits im Herbst 1944 trat unter der Mannschaft der Luftwaffenhelfer unserer Batterie eine erhebliche Umschichtung ein. Nach und nach wurden die Treitschke-Schüler des Jahrgangs 1927 entlassen. Das war für die Betroffenen allerdings alles andere als ein Freibrief. Zuhause wartete für die meisten von ihnen der Einberufungsbefehl zum Reichsarbeitsdienst (RAD) oder auch bereits zur Wehrmacht. Die dadurch entstandenen Lücken wurden mit Lehrlingen des Jahrgangs 1928 geschlossen.

Dieser „Nachschub" kam aus den verschiedensten Berufen. Die meisten Neulinge stammten aus unserem sächsischen Umfeld. So waren fast alle deutlich schon an ihrem näselnden Dialekt erkenntlich. Sie fügten sich auch recht schnell in den Verband der Helfer unserer Batterie ein. Natürlich gab es zwischen den Berlinern und den Neulingen anfangs hin und wieder Hänseleien, aber diese legten sich bald. Es wurden sogar Freundschaften geschlossen, die teilweise auch das Kriegsende überdauerten. Ich jedenfalls befreundete mich mit Erhard Preißler, der auch in der Geschützstaffel eingesetzt war. Er stammte aus Sebnitz, der Kunstblumenstadt unweit von Dresden, und absolvierte gerade eine Landarbeitslehre.

## Sonderbarer Sonderauftrag

Es war wohl Mitte Oktober - wir hatten schon herbstliches Wetter -, als mich unser Spieß, Hauptwachtmeister Heino Thöllstedt, in die Schreibstube beorderte. Er erteilte mir den Auftrag, unserem neuen Batteriechef, der gerade einen kurzen Erholungsurlaub an der Bleiloch-Talsperre bei Plauen im Vogtland verbrachte, ein Paket zu überbringen. Mit den notwendigen Papieren ausgestattet, machte ich mich mit der Eisenbahn auf die Reise. Das war zu dieser Zeit nicht ganz ungefährlich, weil feindliche Tiefflieger immer wieder Züge angriffen. Die auf angehängten Spezialwaggons mitgeführten 2 cm-Flakgeschütze nutzen da nicht viel.

Es war eine recht lange umständliche Fahrt bis zur Bleiloch-Talsperre, doch das Wetter war herrlich. Mit meinem Batteriechef machte ich eine lange, recht unterhaltsame Wanderung am Rande des Talsperrensees. Die Staumauer war durch zahlreiche Fesselballons geschützt. So ließ es sich bei guter Verpflegung durchaus aushalten. Leider vergingen die Stunden im Fluge. Spät abends kehrte ich in der Stellung nach Kötzschen zurück. Was nun in dem Paket war, habe ich nicht erfahren. Böse Zungen behaupteten, der Chef hätte lediglich einen sauberen Schlafanzug gebraucht und zudem wohl Langeweile gehabt. Mir war's einerlei, hatte mir doch diese „Dienstreise" eine willkommene Abwechslung gebracht.

### „Passierscheine" abgeworfen

Ende November warfen die US-Amerikaner bei einem Großangriff auf das Leuna-Werk eine Unmenge von Flugblättern über unserer Stellung ab. Wir kamen in eine richtige Wolke von dem Zeug. Der Inhalt beeindruckte mich nicht, der Text wirkte auf mich als plump. Stets wurde vor der Unsinnigkeit weiterer Kriegshandlungen gewarnt, eine Kapitulation wäre das Beste, um weitere Bombardierungen zu verhindern. Nur auf diese Weise könnten neuerliche Schäden auch von der Zivilbevölkerung abgewendet werden. Schon am Nachmittag sammelte eine große Schar von Kindern die auf dem Acker verstreuten Blätter auf, aber es dauerte eine ganze Weile, bis unsere mit den Papierfetzen verschandelte Stellung wieder sauber war.

Unter den abgeworfenen Flugblättern waren übrigens „Passierscheine" mit der Unterschrift von Brigadegeneral Dwight David Eisenhower, dem Oberbefehlshaber über die alliierten Streitkräfte in Europa und Nordafrika. Wer einen solchen bei seiner Gefangennahme vorweisen könnte, sollte dann besonders gut behandelt werden. Mein

*Unter dem Flugblätter-Regen, der auf unser Batterie-Gebiet niederging, befanden sich auch „Passierscheine".*

damaliger Kommentar lautete: „Wer's glaubt, wird selig, wer's nicht glaubt, kommt auch in den Himmel!"

Mit Wirkung vom 1. Dezember wurden die schon seit dem Januar aktiven Luftwaffenhelfer aus Berlin zu Luftwaffenoberhelfern befördert. Sie waren von nun an berechtigt, an den Schulterklappen der Ausgehuniform eine etwa einen Zentimeter breite silberne Litze zu tragen. Sie machte sich bei mir neben der roten Kordel als Kriegsfreiwilliger gut. Nur beim Ausgang oder Urlaub trugen wir Luftwaffenhelfer übrigens die Armbinde der Hitler-Jugend. Viele meiner Kameraden nahmen diese jedoch ab, sobald sie aus der Sicht des Batteriegeländes waren. Im Dienst trugen wir weiterhin einfache Militärklamotten in Luftwaffenblau oder auch Drillichzeug. Über unsere Schnürstiefel trugen wir kurze Gamaschen, die wir gern als „Hundedeckchen" bezeichneten.

## Splitterbomben auf die Stellung

Doch der Krieg um das Leuna-Werk, das wir hauptsächlich schützen sollten, ging Schlag auf Schlag weiter. Am 6. Dezember wurde unsere Batterie bei Beschuss der über uns fliegenden Bomberverbände von feindlichen Tiefliegern auf's Korn genommen. Gegen diese waren wir mit unseren doch recht schwerfälligen Geschützen absolut wehrlos, zumal es dabei um Sekunden ging. Zwar versuchten unsere Kameraden mit ihren 2 cm-Vierlingskanonen ihr Bestes, sie konnten aber nicht verhindern, dass unsere Stellung mit Splitterbomben eingedeckt wurde. Diese explodierten glücklicherweise zwischen den Geschützwällen und richteten nur geringen Schaden an.

Ein Splitter drang aber in die Umwallung unserer „Frieda" ein und durchschlug die rechte Wade unseres Zünderstell-Kanoniers (K6). Er verlor viel Blut, bevor es uns gelang, sein Bein abzubinden. An der Front hätte man mit Sicherheit von einem „Heimatschuss" gesprochen, einer leichten Verwundung also, die dem Betroffenen nach relativ kurzem Lazarettaufenthalt zwei Wochen Heimaturlaub bescherte. Unser Verwundeter war einer der „Neulinge" unter uns Luftwaffenhelfern.

Bei diesem Angriff waren aber erneut unsere „Behausungen" arg in Mitleidenschaft gezogen worden. Hier hatten Splitterbomben kräftig eingeschlagen. Die Inneneinrichtung wurde ziemlich ramponiert. Mein dicker Flak-Wachmantel wies allein fünf durch Splitter entstandene Löcher auf. Aber es war eben nur ein erheblicher Sachschaden, der relativ schnell behoben werden konnte. Wir hatten also mal wieder Schwein gehabt!

**Luftminen auf Kötzschen**

In der Nacht vom 7. auf den 8. Dezember erfolgte schon wieder ein Angriff auf das Leuna-Werk. Unsere Batterie schickte Salve auf Salve in die Dunkelheit. Eine ganze Reihe von Luftminen schlug direkt im Ort Kötzschen ein. Diese Luftminen, die nur relativ flache Trichter hinterließen und einen gewaltigen Luftdruck nach allen Seiten entwickelten, hatten eine verheerende Wirkung. Sofort nach Aufhebung des Fliegeralarms wurden wir zu Bergungsarbeiten in das Dorf geschickt. Viele Häuser lagen in Trümmern, wobei besonders auffiel, dass bei den Einfamilienhäusern ganze Etagen weggeputzt waren, während die Dächer auf den Trümmern lagen.

Da es teilweise auch brannte und dabei stark qualmte, war die Suche nach Überlebenden überaus schwierig. Doch mancher konnte geborgen werden. Die meisten waren schwer verletzt. Aus einem Haus zogen wir Luftwaffenhelfer die nur mit einem weißen Nachthemd bekleidete Leiche eines etwa zwölfjährigen Mädchens heraus. Hier kam jede Hilfe zu spät. Dieser Einsatz, der bis zum Morgengrauen ging, setzte uns allen schwer zu, vor allem auch der Tatbestand, dass die Zivilbevölkerung durch den Krieg so zu leiden hatte. Angesichts der Toten und Verwundeten kommt man über solch einen Sondereinsatz nicht so schnell hinweg.

## Infanterie-Waffen geliefert

Als die US-Amerikaner und Briten gemeinsam mit Franzosen und anderen Verbündeten Ende Dezember 1944/Anfang Januar 1945 zum Sturm auf das Reichsgebiet antraten, wurde auch unsere Batterie mit Infanteriewaffen ausgerüstet, von denen bisher nur wenige Exemplare vorhanden waren. Meist handelte es sich um erbeutete französische Gewehre mit überlangem Lauf. Was war ich froh, als es mir gelang, einen meiner Körpergröße eher angemessenen Steyr-Stutzen zu ergattern! Das hatte jedoch den Nachteil, dass ich dafür spezielle Munition brauchte, die ich von nun an mitzuschleppen hatte.

## An der Platte vorbei

Zudem wurde eine ganze Menge an Panzerfäusten angeliefert, an denen wir nun eine kurze Schnell-Ausbildung erhielten. Alles war nur graue Theorie, und das bei einem völlig neuen Waffensystem! Die Panzerfäuste waren rund 80 cm lang, ihr Kopf hatte einen Durchmesser von 15 cm, ihr Gewicht lag bei 6,8 kg, ihre Reichweite betrug 60 m. Nur zwei Schuss waren uns für praktische Übungen zur Verfügung gestellt worden. Wer von uns allen würde nun wohl in der Lage sein, das Erlernte in die Praxis umzusetzen? Also wurde in der nahe gelegenen Mergelgrube eine etwa 1,5 m mal 1,0 m große und etwa 1,5 cm dicke Eisenplatte aufgestellt, sie sollte als Zielscheibe dienen. Als Führer unserer Geschützstaffel bekam Wachtmeister Alfred

Rittberger den ersten Schuss, und dieser ging zum Leidwesen des Schützen an der Platte vorbei. Welch eine Blamage!

Den zweiten Schuss sprach Batteriechef Rudolf Werner Förster mir zu. Warum, das weiß ich wirklich nicht! Und ich traf die Eisenplatte, wenn auch nicht genau in der Mitte, aber klar und deutlich. Die Panzerfaust schweißte sich durch die Zielscheibe durch. Es gab natürlich Beifall und Jubel von den zuschauenden Luftwaffenhelfern. Nun war das Zielen mit der neuen Waffe nicht ganz einfach, weil der Kopf nicht gradlinig, sondern im Bogen auf das Ziel zusteuerte. Wir bewunderten im Anschluss die durchgeschweißte Eisenplatte. Dieser Treffer hob zweifellos das Ansehen der Luftwaffenhelfer in unserer Batterie. Das machte mir selbstverständlich Spaß und Freude.

**Feste mit ungewöhnlichem Charakter**

Durch die recht turbulenten Ereignisse in den letzten Monaten des Jahres 1944 bekamen das Weihnachtsfest und der Jahreswechsel 1944/45 einen besonderen, für mich völlig ungewöhnlichen Charakter. Es war gut, dass wir Luftwaffenhelfer schon am 23. Dezember eine interne Feier in unserer Baracke hatten. Der Weihnachtsmann erschien mit tollem Wattebart, unter dem Arm trug er sein dickes Buch mit umfangreichem Sündenregister. Da bekam jeder, wirklich jeder sein Fett ab. Über mich verkündete er unter zustimmendem Gelächter meiner Kameraden folgendes:

> Hasso ist oft außer Rand und Band
> Als Urgermane ist er bekannt.
> Doch leider aber diesen Mann
> Man leicht auf Palme bringen kann.

Ist das nicht treffend!? Dann gab es ein ordentliches reichhaltiges Mahl, zu dem wir einige Gläser Grog tranken. Einige Alarme störten uns völlig überflüssigerweise dabei. Beim Scheine der acht Kerzen an unserem mit Lametta und Keksen geschmückten Weihnachtsbaum las ich dann die aus diesem Anlass zahlreichen an mich gerichteten Feldpostbriefe.

## Als Floh-Jonny aktiv

Bei der eigentlichen Weihnachtsfeier am Heiligen Abend verlieh der Abteilungskommandeur einigen Soldaten das Eiserne Kreuz II. Klasse, darunter auch zweien von unserer „Frieda"-Besatzung. Dann wurde auch dort reichlich aufgetischt. Allmählich gab's dann auch Schnaps, Likör und Vollbier. Als Luftwaffenhelfer bekamen wir drei Likör- und fünf Schnapsmarken. Ich habe, nachdem mir der Chef drei Dinger hinter die Binde gekippt hatte, dann noch eine Schnapsmarke „umgebracht". Den Rest meiner Marken habe ich verschenkt.

Auf dem Podium unseres Casinos trat ich dann in etwas angeheitertem Zustand als Floh-Jonny auf, der seinen Floh mit einer zunehmenden Zahl von Saltos „von Daumen das auf Finger jedes" springen ließ. Was konnte ich dafür, dass mein Floh plötzlich ins Publikum sprang und ausgerechnet auf den krausen Haaren unseres Betreuers, Unteroffizier Gerd Hobiger, landete, dem ich dann zur Begeisterung aller Zuschauer kräftig den Schopf durchwühlte?

Als schon fast alle ziemlich blau waren, wurde unserem Abteilungskommandeur der Spruch: „Meckern ist der Stuhlgang der Seele" mit allerlei Hintergedanken überreicht. Dann ging's mit flotter Musik weiter. Mit dem Alkoholpegel stieg die Stimmung. Der Leutnant marschierte mit geschultertem Krückstock im Paradeschritt durch den Saal, und wir dann alle hinterher. So zogen wir hinaus an einen Bombentrichter, sangen rundherum sitzend ein Lied an den Mond und tranken auf die schlechte Ausbildung der US-amerikanischen

Bombenschützen, denn wenn das nicht der Fall gewesen wäre, wäre unsere Kantine getroffen worden. Ich verstand es, mich immer wieder um das Trinken zu drücken, denn ich wusste, was mir noch bevorstand. Die meisten Luftwaffenhelfer hatten auch schon einen sitzen und waren aus den Latschen gekippt. Sechs, darunter auch ich, hielten bis 3:00 Uhr mit. Wir tanzten. Ach, mit wem habe ich alles getanzt, mit Offizieren und Unteroffizieren. Es war wüst. Dann zogen wir ins Bett. Ohne Wecken schliefen wir bis 11:30 Uhr. Manch einer hatte einen Kater, mir ging's aber gut.

## Nur anderthalb Stunden Schlaf

Und auch Sylvester war es kaum anders. Eigentlich sollte vor 23:00 Uhr kein Alkohol ausgegeben werden, aber damit fingen einige sehr viel früher an. Die Stimmung wurde immer heiterer, flotte Musik wurde aufgelegt. Das eigentlich vorgesehene Programm, an dem sich selbstverständlich die Luftwaffenhelfer beteiligen wollten, fiel praktisch ins Wasser. Die bunten, recht lustigen Zeichnungen, mit denen die Kantine ausgeschmückt war, fanden kaum Beachtung. Es waren auch einige Mädchen aus Kötzschen in unser Casino gekommen. So wurde fleißig getanzt und viel Radau gemacht, der weit über Mitternacht hinausging.

Erst um 5:30 Uhr zog ich mich mit dem glücklichen Gefühl ins Bett zurück, alle meine Sinne noch zusammen zu haben. Ich war hundskaputt und todmüde, was nicht verwunderlich war. Doch schon um 7:00 Uhr peitschte mich und meine Kameraden der schrille Pfiff des Unteroffiziers vom Dienst (UvD) aus den „Federn". Dies geschah auf Befehl des Brigadekommandeurs, der um die Feuerbereitschaft seiner Batterien bangte. Und diese war in den vergangenen Tagen bei uns kaum vorhanden, und wir dürften mit Sicherheit nicht die einzige Batterie gewesen sein, der es so erging.

## Schon ein Menetekel?

War dieser so stürmisch verlaufene Übergang ins neue Jahr nun schon ein Menetekel für die Zukunft? Rückblickend könnte man durchaus der Meinung sein. Zweifellos war eine gewisse Kriegsverdrossenheit zu spüren, zog doch die Parole: „Genießt den Krieg, der Friede wird furchtbar!" schon ihre Kreise. Das war für einige Luftwaffenhelfer, so auch für mich, eine bedrückende Situation, glaubten wir damals noch immer an den Endsieg. Und in diesem Glauben wurden wir nicht nur durch die Propaganda, sondern auch von unseren Eltern bestärkt.

Der Alkoholverbrauch in unserer Batterie erreichte von nun an immer einen recht hohen Stand. Neben den regulären Zuteilungen an alle Batterieangehörige außer den Luftwaffenhelfern gab es noch andere Quellen. Beste Lieferanten waren wohl unsere russischen „Hiwis", die es verstanden, die rund um unsere Stellung herum wachsenden Zuckerrüben in einen hochprozentigen Schnaps zu verwandeln. Sie hatten sich mit einfachsten Mitteln einen sehr leistungsfähigen Destillierapparat gebaut, und betrieben mit ihrem "Wodka" einen lebhaften Tauschhandel, um auf diese Weise ihre magere Verpflegung aufzubessern. Wer sollte es ihnen verdenken?

## Nochmals Erholungsurlaub

In der Zeit vom 4. bis zum 20. Januar 1945 erhielt noch einmal Erholungsurlaub. Zunächst fuhr ich mit Übernachtung im Wartesaal des Bahnhofs Glogau – heute Gorzow Wielkopolki - nach Landsberg an der Warthe – heute Glogow / Polen -, um im nahegelegenen Hohenwalde meine Schwester Barbara zu besuchen, die dort als Arbeitsmaid beim Reichsarbeitsdienst (RAD) Dienst leistete. Zwei Tage später reiste ich über Posen – heute Pozna / Polen - nach Grätz ins dortige KLV-Lager, wo ich meinen Bruder Heiko und viele Bekannte aus dem KLV-Lager Waly bei Kutno wohlbehalten antraf. Auch hier blieb ich einige Tage.

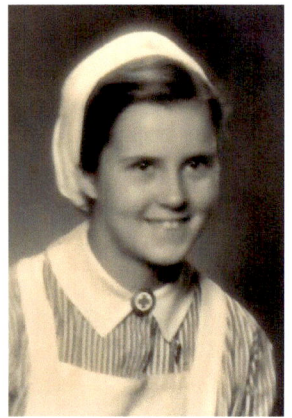 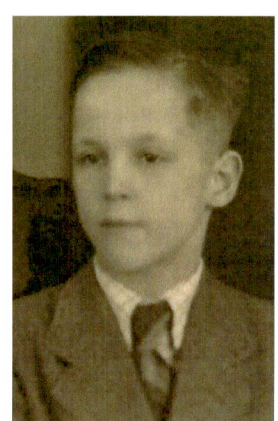

*DRK-Schwester*　　　　　　*Heiko im KLV-Lager*
*Barbara Pacyna*　　　　　　*Grätz bei Posen*

Weiter ging's nach Berlin, dort machte ich eine Stippvisite bei meinen Großeltern und verbrachte dann den Rest des Urlaubs bei meinen Eltern in Neuruppin. Es war trotz der angespannten Lage recht erholsam. Auch hier verflog die Zeit. Als ich in Berlin zum Bahnhof ging, lachte mir der Mond ins Gesicht, als ob er sagen wollte: „Nun haste die Zeit um!" Bruder Mond konnte mir aber das glückliche Gefühl, 16 lange, schöne Urlaubstage verbracht zu haben, nicht vermasseln. Die dann folgende Fahrt war wieder eine Tortur. Als ich früh morgens in der Stellung landete, meinen Dienst todmüde gemacht hatte, haute ich mich nachmittags auf's Bett und schlief mit nur kleinen Unterbrechungen 16 Stunden lang. Das war schon rekordverdächtig.

## Auf Dienstreise in Pommern

Beinahe anschließend, nämlich vom 23. bis zum 27. Januar, gab es noch eine Abwechslung. Beim Stab unserer Flakabteilung, die Major der Reserve Anton Rottmann leitete, diente ein Leutnant von Oppen, dessen Familie irgendwo in Pommern untergeschlüpft war. Den Namen des Ortes habe ich vergessen. Mein Kamerad Günther Stückmann und ich bekamen nun den Auftrag, dessen Frau und die beiden noch recht kleinen Kinder auf das Gut einer verwandten Familie in der Nähe von Halle zu holen. Als wir mit dem Zuge Richtung Pommern fuhren, träumten wir davon, endlich einmal in dicken Federbetten schlafen zu können. Tatsächlich wurden wir am Bahnhof von einem Knecht abgeholt, der uns - wegen der starken Kälte in mollig warme Decken gehüllt - zum Gutshof fuhr.

Wir beide waren aber schnell ernüchtert, als wir im Herrenhaus eintrafen. Es wimmelte nur so von Menschen, alles Flüchtlinge aus den bereits von den Sowjets eroberten deutschen Ostgebieten. Jedes Zimmer war voll belegt, und wir schliefen schließlich in jeweils zwei zusammengestellten Sesseln, die auf einem Flur standen. Schon am nächsten Morgen traten wir die Rückreise an. Wir hatten zahlreiche Koffer zu transportieren und mussten zudem der Frau und den Kindern beim Umsteigen behilflich sein. Das Unternehmen glückte reibungslos, und wir lieferten die Familie wohlbehalten in der Nähe von Halle ab. Zum Dank wurden wir von den neuen Gastgebern der Familie von Oppen mehrmals nachmittags eingeladen. Auch das war stets eine angenehme Abwechslung gegenüber dem Batterieleben.

Am 5. Februar 1945 wurden beim Morgenappell der Batterie einige Soldaten und auch zwei Luftwaffenhelfer für ihren Einsatz ausgezeichnet. „Im Namen des Führers und Oberbefehlshabers der Wehrmacht" bekamen Luftwaffenoberhelfer Günther Stückmann das

Eiserne Kreuz II. Klasse und Luftwaffen-oberhelfer Hasso Pacyna das Kriegsver-dienstkreuz 2. Klasse mit Schwertern (Doku 6). Diese Orden wurden uns vom kommandierenden General im Luftgau III, General der Flakartillerie Göttmann, verliehen. Obwohl ich mir gegenüber meinen Luftwaffenhelferkameraden keinerlei besonderer Leistungen be-wusst war, gebe ich unumwunden zu, dass ich stolz auf diese Auszeichnung gewesen bin, die ich mit erst sechs-zehn Jahren erhalten hatte. Besonders gefreut hat mich, dass dieses Ereignis genau auf den 40. Geburtstag meiner Mutter fiel.

*Das Kriegsverdienstkreuz
2. Klasse mit Schwertern*

Unvergesslich wird mir und meinen Kameraden der 13./14. Februar 1945 bleiben. Wir hatten herrliches, klares Winterwetter, als über-aus starke Bomberverbände, dicke Kondensstreifen hinterlassend, in großer Höhe fast genau über unsere Stellung in Kötzschen hin-wegflogen. Wir standen Stunde um Stunde fröstelnd und frierend an unseren feuerbereiten Geschützen. Da diese Geschwader jedoch un-ser Hauptschutzobjekt, das so kriegswichtige Leuna-Werk, nicht an-griffen, erhielten wir Feuerverbot, obwohl sich diese Bomber-Pulks lange Zeit hindurch durchaus in der Reichweite unserer Kanonen be-fanden.

Auch in der Nacht flogen immer neue Bombengeschwader der Bri-ten und US-Amerikaner in großen Pulks mit bis zu 24 Maschinen über unsere Stellung hinweg. Es juckte uns in den Fingern, doch wir mussten tatenlos zusehen, wie Dresden in Schutt und Asche gelegt und völlig zerbombt wurde. Die ausgelöste Feuersbrunst war trotz einer Entfernung von über 150 Kilometern von unserer Stellung aus deutlich zu sehen. Der Himmel war blutrot gefärbt. Über die so große Zahl von Toten erfuhren wir dann in den folgenden Tagen.

Am 15. Februar schlug bei einem nächtlichen Angriff ein ganzer Ballen von Stanniolfolien in nur sieben Meter Entfernung von unserer Baracke zu Boden. Es handelte sich um das bereits erwähnte „Lametta" (siehe Seite 13), das von den Alliierten immer wieder zur Störung unserer Radar-Funk-Messgeräte eingesetzt wurde. Der gewichtige Gruß von oben hätte das Dach unserer Behausung ohne Weiteres glatt durchschlagen. Einige von diesen Stanniolstreifen sind in unserem Raritätenschränkchen gelandet. Als Zugabe lag dann noch – lediglich zwei Meter von unserer Unterkunft entfernt – eine Stab-Brandbombe, deren Zündung erfreulicherweise versagt hatte. Im Krieg braucht man wirklich so manche Portion Glück!

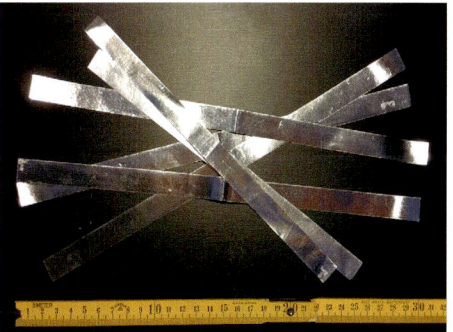

## Abgangszeugnis und „Reifevermerk"

Anfang April erhielten dann die noch in der Batterie verbliebenen Schüler der Berliner Treitschke-Schule ihre Abgangszeugnisse, in denen ihnen bestätigt wurde, dass sie die Schule verlassen, „um in die Wehrmacht einzutreten". Mit diesem Zeugnis (Doku 7) konnte ich ganz zufrieden sein. Geschichte, Erdkunde und Biologie wurden als „gut", Deutsch, Latein, Chemie, Physik, Mathematik und Handschrift als „befriedigend" bewertet. Einbilden konnte ich mir auf dieses

Zeugnis jedoch nichts. Schließlich weiß jeder, dass Abgangszeugnisse immer geschönt werden. Zudem ist zu bemerken, dass der Unterricht während meiner ganzen Luftwaffenhelferzeit recht dürftig war und oftmals auch ausfiel. Was sagte doch unser Batteriechef einst, als wir statt zum Unterricht zur Infanterieausbildung mussten? „Prometheus liegt nicht mehr an, die Panzerfaust ist wichtiger!"

Unsere Zeugnisse waren bereits am 30. März von unserem damaligen Betreuungslehrer, Studienrat Dr. Chr. Groß in Vertretung unseres Direktors, Oberstudiendirektor Werner Dreetz, unterzeichnet worden. Außerdem überreichte man uns auf einem unscheinbaren DIN A5-Bogen den sogenannten Reifevermerk, den auch Leutnant Bernhard Rox in Vertretung des Batteriechefs abgezeichnet hatte. Auf diesem (Doku 8) wurde dem Schüler Hasso Pacyna, geb. 29. 4. 1928 in Berlin-Steglitz, der Klasse 7 der Treitschke-Schule auf Grund seiner Einberufung zum Reichsarbeitsdienst und anschließendem Wehrdienst die Bescheinigung ausgestellt, „dass er zu dem Zeitpunkt, an dem er die Reifeprüfung hätte ablegen können, den Reifevermerk erhält".

**Nicht das Papier wert**

Der Reifevermerk sollte dem Abitur entsprechen. Doch aus all dem wurde nichts, der Reifevermerk wurde später keineswegs anerkannt. Das Abitur konnte nur durch einen nochmaligen Schulbesuch in Schnellkursen nach einer erneuten Prüfung erlangt werden. Für mich war der Reifevermerk eigentlich nicht einmal das Papier wert, auf dem er stand. Da mir Geld und Gelegenheit zu solch einem Schnellkurs fehlten, war ich bei meiner weiteren Ausbildung zu erheblichen Umwegen gezwungen. Ich musste den zweiten Bildungsweg einschlagen. Der kostete zwar mehr Zeit, aber geschadet hat er mir auch nicht.

### Ruck zuck als Kanonier vereidigt

Die Zeugnisübergabe bedeutet für uns nicht etwa einen Freibrief. Für uns Luftwaffenhelfer blieb zunächst alles bei Alten. Vom Westen her näherten sich aber seit Anfang April im raschen Tempo die US-amerikanischen Truppen. Am 12. April wurde bei uns in der Stellung Panzeralarm gegeben. Damit hatten wir auch gerechnet, nicht aber damit, dass wir noch am selben Tage als Soldaten vereidigt wurden. Alles ging ruck zuck, und keiner wusste, wie ihm geschah. Plötzlich waren wir Kanoniere und hatten Soldbücher in unseren Taschen. Äußerlich änderte sich nichts. Luftwaffenuniformen trugen wir ohnehin, und die Ausgehuniformen hatten ausgedient.

Aber es war Panzeralarm. So schnell es ging, wurden die Umwallungen unserer Geschütze gekappt, damit wir mit unseren schweren Kanonen möglicherweise herannahende Panzer unter Direktbeschuss nehmen konnten. Doch dazu kam es nicht. Mit einem Kameraden zusammen bildete Kanonier Pacyna einen „Panzervernichtungstrupp", der auf Fahrrädern in der Umgebung unserer Stellung patrouillieren sollte. Neben unserer Infanterieausrüstung waren wir mit je zwei Panzerfäusten bewaffnet. Wir haben jedoch niemals einen US-Panzer zu Gesicht bekommen. Dennoch lagen wir oft im Straßengraben, denn es gab Artilleriebeschuss, und zudem waren Tiefflieger unterwegs.

### So mancher „verdünnisierte" sich

In unserer Batterie zeigten sich bereits deutliche Auflösungserscheinungen. Kanoniere und auch Teile des Unteroffizierskorps setzten sich klammheimlich ab, insbesondere die aus Sachsen stammten, also nahe der Heimat waren. Unter anderen „verdünnisierte" sich Wachtmeister Alfred Rittberger, der Führer der Geschützstaffel, sowie Unteroffizier Helmut Palm, der Geschützführer von „Gustav". Welches Risiko gingen sie ein? Hinter der Front waren ständig Feldjäger unterwegs und fahndeten nach Deserteuren. Diese „Kettenhunde", die sich durch ein umhängendes Schild als Militärpolizisten auswiesen, machten oftmals kurzen Prozess. Gar mancher Aufgegriffene wurde ohne ein Gerichtsurteil sofort erschossen oder an Bäumen oder Laternen aufgehängt. Derartige Gefahren hielten auch die meisten davon ab, ein so risikohaftes Unternehmen zu starten.

Als unserer Batterie am 13. April gemeldet wurde, dass sich in Frankleben, dem Sitz unserer Flak-Abteilung, zahlreiche US-Soldaten angesammelt hätten, schossen wir noch einige Salven mit hochgezogenem Sprengpunkt in diese Stadt. Ich weiß nicht, was die meisten dabei dachten, ich hatte jedenfalls ein ungutes Gefühl, da ich nach den Erfahrungen im Dorf Kötzschen an mögliche Folgen für die Zivilbevölkerung denken musste.

## Alle Geschütze unbrauchbar gemacht

Noch am gleichen Tage kam von der Abteilung der Befehl, die Stellung aufzugeben. So sprengten wir am 14. April gegen 15:00 Uhr unsere Geschütze. Da nur zwei von ihnen mit den bewusst herbeigeführten Rohrkrepierern zerbarsten, musste ich bei den beiden anderen mit gezielten Panzerfaust-Schüssen nachhelfen. Und das gelang mir. Dann zogen wir uns befehlsgemäß zurück, schwerbelastet mit Marschausrüstung, Gewehr zuzüglich Munition sowie je einer Panzerfaust. Geführt vom stellvertretenden Batteriechef, Leutnant Bernhard Rox, umgingen wir die nördliche Spitze des Leuna-Werkes und überquerten dann über eine Brücke, die trotz der Bombenteppiche und des Beschusses durch die feindliche Artillerie heil geblieben war, die Saale in östlicher Richtung. Wir landeten spät am Abend in einem Barackenlager vor Wallendorf. An einem Kanal bezogen wir Stellung, die aber nach Artilleriebeschuss sehr schnell aufgegeben wurde. Am folgenden Tage, dem 15. April, wurden wir auf Lastkraftwagen nach Schkeuditz transportiert. Dort endlich fanden wir etwas Ruhe.

Das mitteldeutsche Industriezentrum Schkopau – Merseburg – Leuna wurde nach Ermittlungen des Militärhistorikers Jürgen Möller (siehe Nachwort auf Seite 115) durch das V. US-Corps eingenommen. Am 15. April morgens um 4:00 Uhr erreichten US-Soldaten der Regimentskampfgruppe 9 die völlig verlassene Flak-Stellung Kötzschen und besetzten diese. Sie erbeuteten nach US-Angaben zwölf 12,8 cm- und zwei leichte Flak-Geschütze. Das konnte einfach nicht stimmen, denn in Kötzschen waren nur acht 12,8 cm-Kanonen

*Leutnant Berhard Rox, der die kümmerlichen Reste der Batterie 8/406 anführte und diese schließlich vor russischer Gefangenschaft bewahrte.*

vorhanden, und davon in unserer Batterie vier Stück, an denen sie aber auf Grund der von uns geleisteten Zerstörungsarbeit vom Vortage nur wenig Freude gehabt haben dürften. Nachdem die US-Soldaten ihre Position gesichert hatten, wurde ein Zug der Kompanie A ausgeschickt, um Übergangsstellen über die Saale zu erkunden. Den Infanteristen fiel dabei die intakte Brücke, über die wir uns am Vortag zurückgezogen hatten, in die Hände, und ein verstärkter Zug der Kompanie errichtete am anderen Ufer der Saale zunächst einen Brückenkopf.

### Zu Wühlmäusen geworden

Für den Rest unserer Batterie, zu dem zahlreiche ehemalige Luftwaffenhelfer gehörten, ging's am 16. April weiter nach Glesien, einem

Dorf, das mir eigentlich nur durch einen Erbseneintopf mit kräftiger Hammelfleischeinlage in Erinnerung geblieben ist. Wir schliefen in einer Scheune, wurden aber bald durch Panzeralarm aufgescheucht. Im LKW wurden wir nach Delitzsch verfrachtet und marschierten dann nach Tiefensee, wo wir erneut in einer Scheune kampierten. Düben erreichten wir am 18. April. Am Bahnhof bezogen wir Stellung, hatten bei Artilleriebeschuss ständig Gefechtsbereitschaft. Mal schliefen wir in einer Scheune, mal auf einem Heuboden, mal draußen in der Stellung, mal im Wartesaal des Bahnhofs. Am 24. April marschierten wir um 3:30 Uhr nach Söllichau und gingen in einem Wald in Stellung, wobei uns wie immer die mitgeschleppten Klappspaten gute Dienste leisteten. Wir entwickelten uns langsam zu richtigen Wühlmäusen. Doch am nächsten Tag marschierten wir wieder früh ab, nachdem wir überflüssige Waffen mit Panzerfäusten vernichtet hatten. Zu Fuß kamen wir nach Gräfenhainichen, wurden dann per LKW nach Oranienbaum befördert, wo wir in einem Barackenlager Unterschlupf fanden.

Der Schlaf in so unterschiedlichen Quartieren, mal in Scheunen, mal in Notunterkünften, mal in den Stellungen, war – auch wenn wir noch so müde waren – nicht immer erholsam. Eine Nacht in einer Scheune blieb mir besonders in Erinnerung. Ich hörte hinter mir in regelmäßigen Abständen Geräusche und konnte nicht einschlafen. Was geht da vor sich? Saß da eine Eule oder ein Käuzchen? War es gar ein Steinmarder? Oder tobten dort etwa Ratten? So ergriff ich schließlich einen neben mir liegenden Stock und wollte gerade zuschlagen, um den animalischen Tönen ein Ende zu bereiten. Da bemerkte ich, dass der Ausgangspunkt der Geräusche ein selig pennender Kamerad war, der im Schlaf ständig mit den Zähnen knirschte. Für ihn hätte es beinahe ein böses Erwachen gegeben. Da hatte er noch mal Glück gehabt.

## Plötzlich an der „Ostfront"

Doch damit war der Marsch des kümmerlichen Restes der 8. Batterie der schweren Flak-Abteilung 406 noch keineswegs beendet. Wir gehörten nun zur „Kampfgruppe Rottmann", die von Major Anton Rottmann, dem bisherigen Kommandeur unserer Flak-Abteilung, nunmehr als Regimentskommandeur geleitet wurde. Schon am frühen Morgen des 26. Aprils brachen wir nach Coswig auf, überschritten dort auf einer Pontonbrücke die Elbe und gruben uns an einem Waldrand bei Möllersdorf ein. Die sowjetischen Truppen lagen uns gar nicht so weit gegenüber. Wir waren plötzlich an der „Ostfront".

Gegen 10:00 Uhr des nächsten Tages hasteten an uns deutsche Soldaten vorbei und gaben uns den freundlichen Hinweis, dass wir nun die vorderste Front übernommen hätten. Mit beklommenen Gefühlen verharrten wir in unseren Schützenlöchern, doch es blieb alles ruhig. Von Ferne hörten wir Balalaikaklänge, zu denen die russischen Soldaten melancholisch klingende Lieder sangen. Als wir in der vordersten Linie abgelöst wurden, um etwas Ruhe zu finden, mussten wir feststellen, dass zwischenzeitlich unser Gepäck geplündert worden war, das wir nicht weit hinter unserer Stellung abgelegt hatten. Das war wieder ein Schlag in die Magengrube, der bei uns auf absolutes Unverständnis stieß. Das konnten nur deutsche Soldaten gewesen sein, die ohne jede Rücksicht auf die vorne liegenden Kameraden sich hier noch einiges „unter die Nägel gerissen" hatten.

In der Nacht zum 28. April lagen wir wieder in unseren Schützenlöchern an vorderster Front, als gegen 3:00 Uhr rechts und links von uns Nebelwerfergranaten — abgeschossen von deutschen Einheiten — einschlugen. Leutnant Bernhard Rox, der unseren Trupp nach Überschreitung der Saale anführte, gab uns den Befehl zum Rückzug und führte uns westwärts durch Wälder zurück nach Düben. Dabei war er am Vortage von einem Granatsplitter am linken Oberarm erheblich verletzt worden und trug diesen in einer Schlinge. Fast neben ihm fiel unser Regimentskommandeur, Major Anton Rottmann, den wir Luftwaffenhelfer stets als „Anthony" bezeichnet hatten. Dieser bei uns so beliebte Reserveoffizier, der am 24. Juli 1891 in Beckum geboren wurde, war im Zivilleben Direktor einer Berufsschule. Er wurde nicht einmal 54 Jahre alt (Doku 9). So hart ist eben der Krieg.

### Geburtstag in Hundeluft

Nachdem wir uns in Düben einmal richtig ausgeschlafen hatten und etwas zur Ruhe gekommen waren, marschierten wir am 29. April – ich wurde an diesem Tage gerade 17 Jahre alt – ziemlich planlos zunächst über Hundeluft nach Ragösen, dann wieder zurück nach Hundeluft und landeten schließlich in Weiden. Das waren insgesamt 18 km, mitsamt Marschgepäck, zu dem auch Panzerfaust und Gewehr, Gasmaske und Brotbeutel sowie Klappspaten gehörten. Das war schon ein besonderes Geburtstagserlebnis. Es bleibt mir unvergesslich.

Die von Leutnant Rox ausgegebenen Befehle waren für uns ebenso undurchsichtig wie die eingeschlagene Marschroute. Keiner wusste auch, wer hinter den Befehlen steckte. Sollten wir der oft genannten Armee eines Generals Wendt zugeführt werden, die zu einem Gegenschlag gegen die auf Berlin anstürmenden Russen ansetzen und so in allerletzter Minute noch eine positive Wende des Geschehens einleiten sollte? Ganz Kühne träumten davon, dass sich die deutschen Truppen und die westlichen Alliierten zusammenschließen werden, um dann mit geballter Kraft auf die sowjetischen Armeen loszugehen. Alle rätselten herum. Aber wie dem auch war, die Führung von Leutnant Rox sorgte letztendlich dafür, dass wir nicht in die noch heftig tobenden Endkämpfe um die Reichshauptstadt ver-

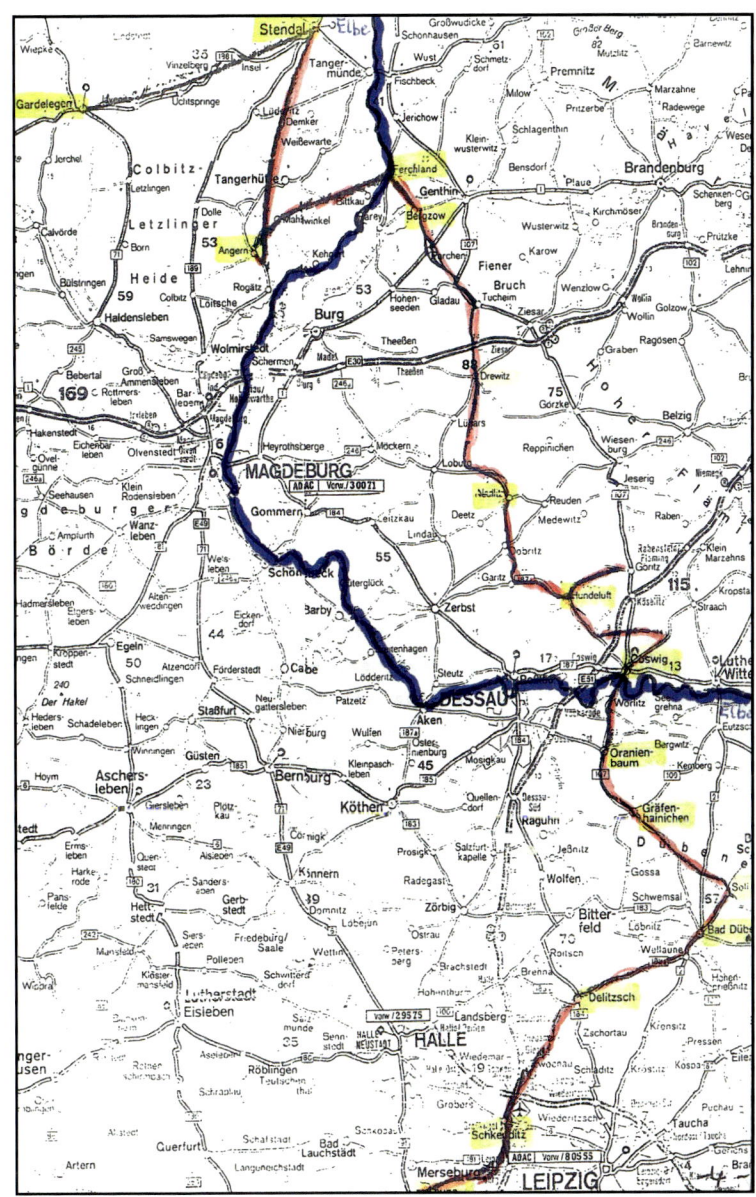

95

wickelt wurden und so nicht in die von allen gefürchtete russische Gefangenschaft gerieten.

## Wirkliche Gewaltmärsche

Aber unsere Wanderschaft ging weiter. Allerdings verließ uns Leutnant Rox, der wegen seinen stark vereiterten Splitterverletzung unbedingt ins Lazarett musste. Die Führung unserer Gruppe übernahm ein Leutnant Müller. Am nächsten Tag zogen wir erst in nordöstlicher Richtung nach Serno, schwenkten dann aber nach Westen ab und gelangten nach Mühro, wo wir in der Nacht ankamen. Es folgte – wir schrieben den 1. Mai – ein Ruhetag, der allerdings am Abend mit einem Marsch über Nedlitz nach Schweinitz ein strapaziöses Ende fand.

Der 2. Mai hatte es wieder in sich. Um 4:00 Uhr musste ich Sicherungsposten an einem Waldrand beziehen. Bereits um 7:00 Uhr wurde ich wieder abberufen, um 9:00 Uhr mussten wir schon wieder zum Abmarsch bereit sein. 36 km lagen vor uns. Unser Ziel, Dretzel, erreichten wir gegen 17:00 Uhr. Wir waren – wie sich jeder wohl denken kann – schachmatt. Auch dort bezogen wir Stellung, die wir allerdings am Abend des nächsten Tages schon wieder verließen. Es ging weiter nach Bergzow, wo wir uns in der Nähe des Friedhofs erneut eingruben. Wir hatten, und das war unser eigentliches Ziel, einen Brückenkopf erreicht, den die deutsche Wehrmacht östlich der Elbe gebildet hatte.

Am 4. und 5. Mai blieben wir in dieser Stellung. Vorbei war die lange Wanderschaft. Die US-Amerikaner hatten bei ihrem Vormarsch am westlichen Elbufer Stopp gemacht und standen dort „Gewehr bei Fuß", griffen also in die Abwehrkämpfe der Deutschen gegen die Russen nicht ein. Im deutschen Brückenkopf mangelte es weder an Soldaten, noch an Verpflegung. Es war auch relativ einfach, die schlecht bewaffneten und schwach motorisierten russischen Soldaten auf Distanz zu halten. Doch Tag für Tag wurde der deutsche Brückenkopf verkleinert, indem – meist in der Nacht – Wehrmachtsangehörige mit Frachtkähnen über die Elbe transportiert wurden. Jeder musste eine Waffe bei sich haben, die er sofort nach der Anlandung auf einen großen Haufen werfen musste. Das war irgendwie vereinbart worden.

## Unter weißer Flagge westwärts über die Elbe

Am 6. Mai zog sich unsere Truppe von Bergzow nach Nielebock zurück, ging dort erneut in Stellung, wurden aber am folgenden Tag nach Ferchland beordert. Am 7. Mai überquerten wir unter weißer Flagge die Elbe und wurden von den US-Amerikanern in Empfang genommen. Auch wir warfen unsere Gewehre auf einen großen Haufen und waren von nun an „prisoners of war". Beim Übersetzen hatte ich mein erst Mitte April erhaltenes Soldbuch kurzerhand über Bord geworfen. Ich war wieder Luftwaffenoberhelfer, der sogar seinen Ausweis dabei hatte. Das sollte sich später als recht positiv erweisen.

Nach längerem Warten wurden wir in Hundertschaften eingeteilt und in Marsch gesetzt. Es ging über Grieben, Birkholz, Mahlwinkel und Wenddorf nach Angern. Das waren immerhin 30 Kilometer, und wir hatten viel zu schleppen. So warm am Tage die Sonne schien, in den Nächten war es bitterkalt, es gab bei klarem Maiwetter Nachtfröste. Ich war jedenfalls trotz der Schlepperei heil froh, dass ich meinen Flak-Wachmantel mitgenommen hatte. In der Nähe von Angern wurden wir auf einem Gutshof zusammengetrieben. Es herrschte ein unheimliches Gedränge von Gefangenen. Als wir ziemlich zum

Schluss eintrafen, waren alle Ställe und Scheunen schon längst überfüllt. Wohin in dieser Not? Das war zunächst eine bedrückende Frage. Schließlich landete ich mit all meiner Habe auf dem Misthaufen. Dort ließen wir uns nieder, fielen im wahrsten Sinne des Wortes sofort in tiefen Schlaf. Die aus dem Misthaufen aufsteigende Wärme hatte mit dafür gesorgt. Sie tat uns offensichtlich gut.

Doch an Ausschlafen war nicht zu denken. Früh wurden wir wieder hochgescheucht, mussten erneut in Hundertschaften antreten und lange, lange warten, bis wir endlich den Marsch zur Bahnstation Angern-Rogätz antraten. Dabei wurden wir noch von US-Soldaten „gefilzt". Insbesondere hatten es die Amis auf Armbanduhren abgesehen. Gut, dass ich gar keine hatte. So mancher Beutejäger trug voller Stolz fünf und noch mehr Uhren an einem Arm. So etwas hätte ich früher nicht für möglich gehalten. Wie sehr hatte ich mich geirrt!

## Hinter Stacheldraht

Auf den Gleisen im Bahnhof standen offene Güterloren, in die jeweils 80 Mann hineingepfercht wurden. Wir standen dicht an dicht. Da konnte keiner umfallen. Über Stendal wurden wir nach Gardelegen transportiert, wo wir auf dem Flugplatzgelände hinter Stacheldraht kamen. Vom 8. bis 15. Mai lagerten dort rund 30.000 deutsche Gefangene aller Dienstgrade, für die nur zwei Wasserhähne zur Verfügung standen. Stundenlang musste man da anstehen, um sein Kochgeschirr füllen zu können. Wir schliefen oft draußen, was für mich dank des schweren Flak-Mantels noch erträglich war. Manchmal zog es mich auch in die Kellerräume der Flugplatzgebäude, aber da war stets ein fürchterliches Gedränge, dem ich dann doch lieber auswich. Als Verpflegung erhielten jeweils 20 Mann ein Care-Paket mit „five menus". Das war alles andere als üppig. Doch in den Paketen waren auch Zigaretten, zwei Stück pro Tag, und so fing auch ich an zu rauchen, worüber ich mich selbst wunderte.

Am 15. Mai wurde unsere Gruppe in die Baracken des Fallschirm-jäger-Ausbildungslagers in Gardelegen umquartiert, wo wir total verlauste Strohmatratzen vorfanden. So mussten wir sie verbrennen. Anders war den lästigen Blutsaugern nicht beizukommen. Hier lernte ich jetzt, wie man aus einer Decke eine „Verbrecher-Matratze" formen kann. Die Decke wurde längs einmal gefaltet und dann wie Wellpappe in enge Falten gelegt. Und darauf lag man wirklich nicht ganz so hart auf den Brettern. Auch daran kann man sich in jungen Jahren gewöhnen.

## Bei dürftiger Verpflegung

Die Verpflegung war verdammt dürftig. Meist gab es Suppe, die aus getrockneten Möhren hergestellt wurde. Wenn man nach einem Fettauge suchte, schauten unter Garantie mehr Augen in die Suppe als aus ihr heraus. Von uns wurde sie dann auch nur als „Draht-verhau-Suppe" bezeichnet, und das war durchaus zutreffend. Dazu erhielten wir Kommissbrot, eins jeweils für 20 Mann, und eine Zigarette. Als ich aber herausfand, dass gar mancher Landser bereit war, eine Scheibe Brot für eine Zigarette abzugeben, beendete ich meine gerade erst begonnene „Raucherperiode" sofort, und das dann für mein ganzes Leben. Dabei war ich doch im Rauch großgezogen worden. Mein Vater qualmte nicht nur dicke Zigarren, sondern zog auch gerne an einer Tabakspfeife, und meine Mutter liebte Zigaretten und auch Zigarillos. Ich fand einfach keinen Geschmack am Tabakkraut.

Etwas erweitert wurde unsere Verpflegung durch Getreidefladen, die wir aus gefundenem, in einer alten Kaffeemühle gemahlenem, dann mit Wasser verrührtem Weizen auf erhitzen Eisenblechen backten.

Junge Brennnesseln, die im Übermaß an den Zäumen unseres Lagers sprossen, ergaben eine zusätzliche Suppe. Man muss sich nur zu helfen wissen!

Während unseres Lagerlebens in Gardelegen kam für uns noch ein Umbruch. Die US-Amerikaner zogen sich aus Sachsen-Anhalt zurück und übergaben das von ihnen eroberte Gebiet samt uns Gefangenen den Briten. So wurden wir eben britische „prisoners of war". Das änderte zwar nichts an unserer Situation, aber die Lagerordnung wurde wesentlich strenger. Vorüber war die Zeit, als die Wachtposten leger auf ihren Türmen in Sesseln lagen und Kippen gönnerhaft in unten wartende Landseransammlungen warfen. Ich habe für diese Gier kein Verständnis aufbringen können. Ich war vom Qualmen kuriert.

**Auf zum Ernteeinsatz**

Am 9. Juni marschierte eine ganze Gruppe von uns Gefangenen unter der Parole: „Auf zum Ernteeinsatz!" nach Lockstedt, südöstlich von Oebisfelde. Wir arbeiteten rund drei Wochen auf Bauernhöfen in der Umgebung, mussten aber am Abend ins bewachte Schlafquartier zurückkehren. Das war rückblickend eigentlich eine schöne Zeit, denn unsere Verpflegung wurde von den Landwirten übernommen, für die wir arbeiteten. Das war sehr vorteilhaft.

Am 30. Juni wurden wir aber plötzlich nach Rätzlingen beordert und dort in einer Scheune regelrecht eingesperrt. „Was soll denn das?", fragten wir uns alle. Wir erfuhren schließlich, dass das Gebiet von Sachsen-Anhalt mit Wirkung vom 1. Juli den Russen übergeben werden sollte, einschließlich der in diesem Gebiet gefangen gehaltenen deutschen Soldaten. Doch wir hatten mal wieder Glück. Als am Stichtag gegen 3:00 Uhr nachts unsere britischen Wachen abzogen, waren die Russen noch nicht eingetroffen. Sehr schnell gelang es uns, die verrammelten Scheunentore aufzubrechen und uns zu befreien. Im angemessenem Abstand, nicht zu nah und nicht zu fern, folgten wir den abziehenden britischen Verbänden.

## Erneut in britischer Gefangenschaft

Aber kaum hatten wir die neue Grenze zwischen der russischen und der britischen Besatzungszone überschritten, befanden wir uns wieder in britischer Gefangenschaft, und zwar zunächst in Hehlingen südöstlich von Wolfsburg. Dann wurden wir nach Südwesten in Marsch gesetzt, bis wir schließlich bei der Zuckerfabrik von Dettum, westlich von Wolfenbüttel erneut hinter Stacheldraht kamen. Wir lagerten auf einer beinahe ebenen freien Wiese, durch die ein völlig harmlos aussehender, winzig kleiner Bach floss. Alle schliefen draußen unter freiem Himmel, was in dieser Jahreszeit durchaus erträglich war.

Jeweils zwei Mann bekamen eine Dreieckzeltplane, aus der wir mit Hilfe eines kleinen Stockes ein Tipi bauten. Bei Regen lagen wir darin engstens beieinander. Aber der Boden war recht feucht, und so wurde ich alsbald in beiden Handgelenken von einem Rheuma geplagt, wie ich dies bis dahin noch nicht erlebt hatte. Ich konnte mich schließlich nicht mehr mit den Händen aufstützen. Da half weder die vom Sanitäter verabreichte Salbe etwas, noch die dicken Watteverbände um die Handgelenke.

## Gewitter setzte Lager unter Wasser

Unser weiteres Schicksal wurde ganz wesentlich durch ein überaus starkes Gewitter beeinflusst, das um den 15. Juli herum herunterkam. Der an der Zuckerfabrik vorbeifließende winzige Bach trat im Nu über die Ufer und setzte unser gesamtes, ohnehin feuchtes Lager gut 15 cm unter Wasser, einschließlich unserer Latrinen, die nichts anderes als lange, schlichte Gräben waren. In der Befürchtung, dass in diesem total vernässten Gebiet allein schon auf Grund der hygienischen Verhältnisse eine Seuche ausbrechen könnte, wurden auf Anordnung des britischen Lagerkommandanten alle „Unverdächtigen" in einer Eilaktion entlassen. Und dazu gehörte auch ich, der unter den Armen keine Tätowierungen hatte, die auf die Zugehörigkeit in einer SS-Formation hindeuten könnten. Zudem war ich gerade erst 17 Jahre alt und gesundheitlich durch das Rheuma ziemlich angeschlagen.

Am 22. Juli 1945 schlug meine Stunde. Ich erhielt meine Entlassungsurkunde mit dem selbstverständlichen „right thumbprint", dem Abdruck des rechten Daumens (Doku 10/11). Zwar war mir bescheinigt worden, dass ich ungezieferfrei sei, das verhinderte aber nicht, dass wir zunächst per Lastkraftwagen nach Steinhagen im Münsterland transportiert wurden und eine Entlausungsstation durchlaufen mussten. All unsere Klamotten mussten wir ausziehen und splitternackt warten, bis diese eine Gaskammer passiert hatten. In Unterhose mussten wir noch einmal antreten und bekamen die berüchtigte Puderspritze gegen Läuse in der unteren Region verabreicht.

**Endlich in Höxter**

Endlich, am 25. Juli, landete ich per LKW in Höxter an der Weser, das meine Eltern für den Fall der Fälle als Zufluchtsort ausgewählt hatten, weil dort Verwandte von uns wohnten. Als ich dort vor der Stadtverwaltung ankam, wog ich bei einer Größe von 1,72 m nur 87 Pfund (43,5 kg). Der schwere Flak-Wachmantel, der mir während der Gefangenschaft überaus gute Dienste geleistet hatte, ließ mich etwas kompakter wirken. Meine geringe Habe transportierte ich im Karton eines Care-Paketes, um den ich meine lappige, schwarze Decke gewickelt hatte. Das Ganze wurde mit dem Seil eines Fallschirms zusammengehalten, das ich im Fallschirmjäger-Ausbildungslager in Gardelegen ergattern konnte.

Man mag sich wundern, warum ich gerade die letzten hundert Tage meines Luftwaffenhelfer-Daseins so genau in Erinnerung habe. Hier ist Verwunderung völlig überflüssig. Bei der Durchsicht alter Unterlagen fand ich Tagebuchnotizen, die ich auf den beiden Seiten eines Feldpost-Faltbriefes – ähnlich den Luftpost-Leichtbriefen – niedergeschrieben hatte (Doku 12/13). Jahrzehnte lang hatte ich sie, wie viele andere Unterlagen auch, aufgehoben.

## Mit Hallo empfangen

Da es in der damaligen Zeit völlig unmöglich war, jemanden vorher zu benachrichtigen, war auch keiner von meinen Verwandten in die Stadt gekommen, um mich abzuholen. Nach Erledigung aller Formalitäten zog ich allein mit meinem kümmerlichen Gepäck von der Stadtverwaltung über den Wall zur Gartenstraße Nr. 2. Dort wohnte meine Großtante Grete, die Schwester der Mutter meines Vaters. Natürlich gab es ein großes Hallo, insbesondere deshalb, weil ich meine Mutter endlich wieder einmal in die Arme nehmen konnte.

Wie ich nun erfuhr, hatten meine Eltern am 30. April Neuruppin vor allen Dingen in Sorge um meine Schwester Barbara verlassen, als die sowjetischen Truppen nur noch drei Kilometer von der Stadt entfernt waren. In einer riesigen Flüchtlingskolonne zogen sie zu Fuß, zwei vollgepackte Fahrräder schiebend, in Richtung Kyritz – Havelberg. Als sie am 2. Mai nach einem Gewaltmarsch von zwölf Stunden in Nitzow an die Havel gelangten, kamen ihnen die Russen von vorn und hinten bedrohlich nahe. In dieser Situation bat mein Vater - auch krankheitsbedingt und wegen seiner Verwundung aus dem Ersten

Weltkrieg – meine Mutter und meine Schwester dringend, auch ohne ihn in der Nacht zu versuchen, über die Elbe in amerikanisch besetztes Gebiet zu kommen. Trotz schwersten Beschusses gelang ihnen dieses abenteuerliche Unternehmen. Unter großen Anstrengungen und Entbehrungen erreichten sie am 12. Mai Höxter an der Weser. Meine Schwester Barbara arbeitete bei meiner „Heimkehr" bereits in Marienmünster bei Steinheim, wodurch sich unser Wiedersehen etwas hinauszögerte.

## Nur eine kurze Pause

Für mich gab es nur eine kurze Pause, die ich mit unserer Mutter verbrachte. Sie hatte bei unserer Tante Grete lediglich ein möbliertes Zimmer. Schon bald ging ich zum Arbeitsamt, um mir eine Stelle zu suchen, da ich als mittelloser Flüchtling keinerlei Chancen sah, erneut die Schulbank zu drücken, um mein Abitur nachzumachen. Ich wollte auch nicht wieder in die Schule gehen. Zudem verließ ich mich auf meinen „Reifevermerk", und das erwies sich später als recht töricht.

Dass ich in der Landwirtschaft tätig werden wollte, stand bei mir schon seit langer Zeit fest. Ich suchte eine entsprechende Lehrstelle, aber diese waren damals überaus rar. So nahm ich zum 9. August 1945 eine Stelle als landwirtschaftlicher Hilfsarbeiter in Bosseborn an, nur wenige Kilometer von Höxter entfernt, bis ich zum 1. März 1946 auf Gut Kemperfeld bei Herstelle an der Weser eine ordentliche landwirtschaftliche Lehrstelle fand, um die ich mich zwischenzeitlich immer wieder bemüht hatte.

## Langanhaltende Ungewissheit

Wir lebten zunächst in der Ungewissheit, was aus unserem Vater geworden war. Wie wir erst im Herbst 1945 erfuhren, war er nach

*Im Herbst 1947 traf sich erstmals nach dem Kriege die gesamte Familie Günther Pacyna, und zwar in Höxter an der Weser. Sie hatte durch Marga Robrecht aus Herstelle, der Freundin von Hasso, Zuwachs bekommen. Die beiden heirateten 1950 und feierten 2015 gemeinsam mit ihren vier Söhnen ihre Eiserne Hochzeit.*

Neuruppin zurückgekehrt, wo schließlich auch unser Bruder Heiko eintraf. Beide blieben in Neuruppin, bis Heiko sein Abitur gemacht hatte, während unser Vater als Lohngärtner arbeitete. Mitte 1947 kamen beide schwarz über die grüne Grenze nach Höxter, wo sich nun erstmals nach dem Kriege die ganze Familie Günther Pacyna traf. Lang, lang hatte es gedauert, aber es war wenigstens keiner zu Schaden gekommen. Wie viele Familien haben dieses Ziel bedauerlicherweise nicht erreicht!

Was ist nun aus den mit mir eingezogenen Luftwaffenhelfern geworden? Schon im Laufe der letzten Kriegswochen bröckelte dieser Trupp ab, aber bis zum Ende der Kriegsgefangenschaft blieb ich mit einigen Kameraden zusammen. Dann verloren wir uns aus den Augen. Später erfuhr ich, dass mein Reisegefährte auf der Fahrt nach Pommern, Günther Stückmann (siehe Seite 85), bei den Endkämpfen um unsere Heimatstadt Berlin als vermisst gemeldet wurde. Auch andere Kameraden sind in den letzten Kriegswirren verschollen. Dietwart Winkler, welcher der „Gotteserkenntnis Ludendorff" angehörte, hat den Umschwung von der Diktatur zur Demokratie nicht verkraftet und schied mit 21 Jahren durch Freitod aus dem Leben. Meine Briefpartnerin Ruth Fischer brach nach Ende des Krieges die Verbindung mit mir wegen Aussichtslosigkeit in der Zukunft abrupt ab. Auch sie hatte offensichtlich den Zusammenbruch des NS-Regimes nicht verwunden.

### Schnell wieder Kontakte aufgenommen

Mit einigen anderen Kameraden kam es schnell zur Wiederaufnahme der Kontakte. Besonders eng war die Verbindung mit Horst Drewitz. Er hatte in Braunschweig Architektur studiert und arbeitete zunächst in dieser Branche in Berlin. Später leitete er dort eine Drogerie-Kette. Durch meine Tätigkeit als Agrarjournalist, besuchte ich bald nach dem Krieg regelmäßig

*1990: Mit Horst Drewitz ganz schön tief ins Glas geschaut*

die internationale "Grüne Woche". Ich war ein "Grüner Wöchner", und so trafen wir uns Jahr für Jahr. Zwischen unseren Familien entwickelte sich - so kann man sagen - eine dicke Freundschaft. Zweimal wohnten wir in unserer Urlaubszeit in ihrer Ferienwohnung in Bad Sachsa. Und das blieb so bis zum Ende seines Lebens im Jahr 2014.

Helmut Ey traf ich etwa 1949 per Zufall bei einem Zwischenaufenthalt in Lippstadt. Dort absolvierte er eine Banklehre. Ihm wurde Hildesheim zur zweiten Heimat, wo er für die Deusche Bank arbeitete. Wir trafen uns jedoch nur hin und wieder.

Etwa 1954 entdeckte ich bei einer landwirtschaftlichen Veranstaltung meinen aus Sachsen stammenden Luftwaffenhelfer-Kameraden Erhard Preißler, der sich später als Thermometerbauer betätigte. Er war ein begnadeter Tüftler, der sich ganz prächtig als selbständiger Unternehmer durch das Leben schlug.

*Ein Treffen mit Erhard Preißler 2012*

Er baute in Neuburg / Donau einen Betrieb zur Drahtverarbeitung auf, belieferte Kunstblumenhersteller und spezialisierte sich auf Basteldrähte, für die er als Tüftler immer wieder besondere Maschinen entwickelte und so seine Produktion rationalisierte.

## Erneut ein Zufall

Und es war wieder ein Zufall, dass mich mein Königsberger Freund, Manfred Fischer, über meinen Bruder Heiko ausfindig machte. Er hatte Betriebswirtschaft studiert und beriet unter anderem auch die Firma in Mühlheim an der Ruhr, bei der mein Bruder tätig war. Meine Frau und ich besuchten mehrfach das Ehepaar Fischer in Hagen-Haspe. Diese Treffen beruhten auf Gegenseitigkeit. Inge Fischer (Jahrgang 1916) war eine in unseren Augen äußerst talentierte Künstlerin, deren Ölgemälde von leuchtende Farbenpracht viel zu Ausschmückung unserer Wohnung beitrugen. Wir wohnten zweimal in ihrem Wohnwagen, der auf der italienischen Insel Elba stand,

1980: Gemeinsamer Urlaub auf Bornholm. Meine Frau Marga umrahmt vom Ehepaar Manfred und Inge Fischer

verbrachten gemeinsam Urlaub auf unserer dänischen Ferieninsel Bornholm. Auch hier hielt die Freundschaft bis beide 1991 bzw. 2007 verstarben.

Es würde zuweit führen, wollte ich alle mir bekannten Schicksale meiner Luftwaffenhelfer-Kameraden niederschreiben. Alle haben etwas aus sich gemacht. Keiner blieb auf der Strecke. Klaus Prescher wurde Professor der Künste in Berlin, Peter Boldt Chemieprofessor in Braunschweig, Gerhard Sixtus wirkte als Bauingenieur und Architekt in Dorsten und Dieter Göbel landete beim Südwestfunk.

*Zum 60. Jahrestag ihrer Einschulung in die Treitschke-Schule in Berlin-Wilmersdorf trafen sich zehn ehemalige Schüler in ihrer Heimatstadt.*

Wir alle trafen uns im Jahre 1998 zum 60. Jahrestag unserer Einschulung in die Treitschke-Schule in Berlin, und darunter waren immerhin fünf ehemalige Luftwaffenhelfer.

**Wiedersehen nach 56 Jahren**

Im Jahre 2001 sah ich nach 56 Jahren Hans-Joachim Rietenbach wieder. Er war gleich nach dem Krieg in die USA ausgewandert, nahm die US-Staatsbürgerschaft an und brachte es bis zum Professor der Künste an der Universität in Columbia/Ohio. Bei seinem Besuch in "Old Germany" war seine Frau, eine gebürtige Irin, mit von der Partie. Er hatte auch - last but noch least - seine Quetschkommode mitgebracht. Da kam Stimmung in unsere Bude. Wie in alten Zeiten sangen wir alle kräftig zusammen. Wir konnten in Erinnerungen schwelgen. Leider ist auch er mittlerweile verstorben.

*Ein munteres Wiedersehen nach 56 Jahren.*
*Hans-Joachim Rietenbach besuchte 2001 "Old Germany"*

Wir Luftwaffenhelfer der Berliner Treitschke-Schule haben jedenfalls lange Zeit hindurch den Zusammenhalt untereinander mehr oder auch weniger eng gewahrt. Aber die Truppe schmilzt nach und nach zusammen. Das ist nun einmal des Lebens Lauf. Die Luftwaffenhelfergeneration, der - so kann man nur wünschen und hoffen - nie wieder eine weitere folgen wird, stirbt langsam wirklich aus. An dieser Tatsache führt kein Weg vorbei.

Hier noch ein Vierzeiler als Randbemerkung:

Alt werden ist schon eine Last.
Ertrag' den Schmerz, den Du mal hast.
Über Sorgen schweige besser still.
Und harre aus, bis Gott dich will.

Übrigens, die „Heimat" der Luftwaffenhelfer über deren Schicksal hier berichtet wurde, die Treitschke-Schule in Berlin Wilmersdorf, - in der Prinzregentenstraße kurz vor dem Stadtpark gelegen - überstand die Kriegswirren nahezu unbeschädigt. Sie wurde jedoch bald nach dem Ende des Krieges in Rudolf-Diesel-Schule umbenannt. Das war durchaus verständlich, schließlich unterstützte der Historiker Heinrich von Treitschke eine äußerst nationalistische Politik und mit harten Äußerungen, wie „Die Juden sind in unser Unglück!", die 1879 in Berlin gegründete Antisemitistenliga. Somit war die Umbenennung nur allzu folgerichtig und vollauf berechtigt.

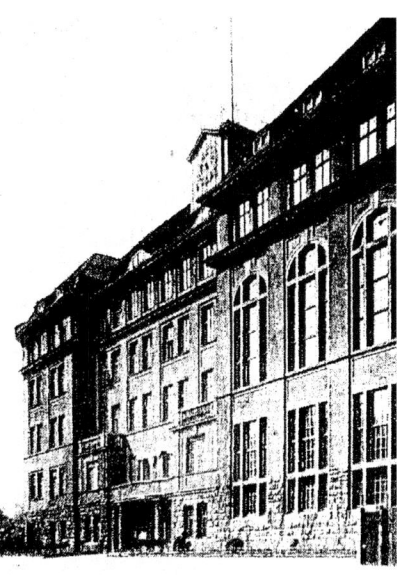

*Die Heinrich von Treitschke-Schule in Berlin-Wilmersdorf, welche die Kriegswirren nahezu unbeschädigt überstand, wurde in Rudolf-Diesel-Schule umbenannt.*

Auch mit unserem ehemaligen Leutnant Bernhard Rox aus Münster in Westfalen, der unseren Trupp der 8. Batterie/406 trotz seiner Verwundung noch sicher bis in die amerikanische Gefangenschaft begleitet hatte, hielt ich lange Kontakt. Mehrfach habe ich ihn dort – er war zum Sparkassen-Direktor avanciert – besucht. Zwischenzeitlich ist auch er verstorben. Schließlich sei noch erwähnt, dass ich 1949/50 als Landwirtschaftsgehilfe ein Jahr lang auf dem Betrieb von Hermann Püning, ehemals Unteroffizier in der Messstaffel unserer Batterie, in Alverskirchen bei Münster tätig war.

## Eine Fahrt ins Blaue

Und ein Wiedersehen mit den Waffen, an denen wir Luftwaffenhelfer der Treitschke-Schule unseren "Dienst für das Vaterland" ableisteten, gab es für mich auch. Im Mai 2017 lud mich einer meiner vier Söhne, die Wind von meinen Arbeiten an der Schreibmaschine bekommen hatten, zu einer „Fahrt ins Blaue" ein, und zu meiner Überraschung führte diese zur „Wehrtechnischen Studiensammlung" nach Koblenz-Lützel. Dort stand ich dann wieder an einer 8,8 cm- Flak-Kanone, dort fanden wir ein 12,8 cm Flak-Geschütz, dort sah ich erneut ein

*Wiedersehen mit dem doch sehr mächtigen 12,8 cm Flakgeschütz*

Kommandogerät 40 mit seiner Vier-Meter Basis, ein Funkmessgerät Fu MG 62 D „Würzburg" und nicht zuletzt verschiedene Modelle der Panzerfäuste. Wir standen vor einem Flak-Scheinwerfer und einem Horchgerät, die oft in der Nähe unserer Stellungen lagen, und meist von Arbeitsmaiden des RAD bedient wurden.

*Das waren "unsere" Panzerfäuste.*

Da kamen nochmals viele Erinnerungen an die lange zurückliegenden harten Kriegsjahre hoch. Aber der zeitliche Abstand von mehr als sieben Jahrzehnten zu dem Geschehen in meiner Jugendzeit hat dazu geführt, dass ich heute offen darüber reden kann. Ebenso hat es mich gefreut, dass in der nachfolgenden Generation doch ein reges Interesse am Einsatz deutscher „Kinder-Soldaten" vorhanden ist, das hoffentlich auch den noch jüngeren Generationen vermittelt werden kann.

### Warum so lange geschwiegen?

Gar mancher wird sich fragen: „Warum hat die Luftwaffenhelfer-Generation, der immerhin mehr als 200.000 junge Burschen angehörten, so lange geschwiegen?". Nun, zunächst war jeder damit beschäftigt, seine Erlebnisse zu „verdauen". Wir alle kamen belastet zurück und waren bestrebt, etwas Neues aufzubauen. Viele waren damit voll beschäftigt und verdrängten auf diese Weise das Erlebte. Das war Traumabewältigung ohne jegliche fremde Hilfe, ohne psychologische Betreuung. Da half der Blick zurück nichts. Wer wollte schon das Vergangene erneut aufwühlen? Und niemand fragte auch danach. Also wurde – von wenigen Ausnahmen einmal abgesehen - fast allgemein geschwiegen. Zudem gab es nur sehr wenige, die sich für die Vergangenheit interessierten. Doch so war es nun einmal.

## Bald im Tal der Vergessenheit?

Erst im fortgeschrittenen Alter, meist erst nach Eintritt in den Ruhestand, fanden einige Vertreter dieser Generation Zeit und Gelegenheit, über ihr Schicksal zu berichten. Man kann nur hoffen, dass nunmehr das Schweigen gebrochen wird, denn in Vergessenheit sollte der Einsatz deutscher „Kinder-Soldaten" nicht geraten. Das hätten die damals so jungen Kerle wirklich nicht verdient, oder?

Wäre es nicht – so frage ich mich und vielleicht auch andere ehemalige Luftwaffen- und Marinehelfer – wenigstens eine Überlegung wert, den „Deutschen Kinder-Soldaten", von denen nicht wenige ihr Leben ließen, ein Denkmal zu setzen? Immerhin hat man den Deserteuren, die sicherlich für sich eine schwere Entscheidung oft mit tödlichen Ausgang getroffen hatten, ein solches zugestanden. Dieses beeindruckende Denkmal steht am Appellhofplatz im nördlichen Teil der Kölner Altstadt. Es wurde am 1. September 2009 offiziell der Öffentlichkeit übergeben.

# Nachwort

Dieser recht genaue Rückblick auf meine rund anderthalbjährige „Soldatenzeit" soll vor allen Dingen die Erinnerung an die zahlreichen Luftwaffenhelfer und Marinehelfer, denen ein entscheidender Teil ihrer Jugend geraubt wurde, wachhalten, auch wenn es sich hier um ein Einzelsckicksal handelt. Es wäre erfreulich, wenn sich noch andere Vertreter dieser aussterbenden Generation entschließen könnten, ihre Erlebnisse während des Krieges zu Papier zu bringen. Mir war dieser Rückblick, der auch ein Stück Familiengeschichte darstellt, nur möglich, weil ich neben meinen Erinnerungen und den zahlreichen Privataufnahmen später noch ein „Mini-Tagebuch" aus dem Jahre 1944, sowie im Nachlass meiner Mutter sämtliche an meine Eltern gerichteten Feldpostbriefe fein säuberlich geordnet fand. Zudem lagen mir auch alle von meinem Bruder Heiko an mich gerichteten Feldpostbriefe vor. Außerdem wurde mein Wissen durch die im Jahre 2004 erschienene Dokumentation des Militärhistorikers Jürgen Möller über „Die amerikanische Besetzung des mitteldeutschen Industriezentrums Schkopau – Merseburg – Leuna durch das V. US-Corps im April 1945" (ISBN: 3-936341-04-4) wesentlich erweitert.

# Dokumentarischer Anhang

# Treitschkeschule

Städtisches Reform-Realgymnasium und Oberrealschule, Berlin-Wilmersdorf

*Oberschule für Jungen*

## Zeugnis

Klasse: *6*

1. Trim.
~~Vierteljahr~~, Schuljahr 19 *43/44*

Versetzt nach Klasse:

für *Hasso Pacyna*

Allgemeine Beurteilung: *[handschriftlich]*

| | | | Chemie | |
|---|---|---|---|---|
| Religion | | | Naturgeschichte, Biologie | |
| Deutsch | mündlich | | Zeichnen | |
| | schriftlich | | | |
| Lateinisch | mündlich | | Musik | |
| | schriftlich | | | |
| Griechisch | mündlich | | Leibesübungen | |
| | schriftlich | | | |
| Französisch | mündlich | | Kurzschrift | |
| | schriftlich | | | |
| Englisch | mündlich | | | |
| | schriftlich | | | |
| Geschichte | | | | |
| Erdkunde | | | | |
| Rechnen, Mathematik | mündlich | | | |
| | schriftlich | | | |
| Physik | | | Handschrift | |

Bemerkungen:

versäumte Stunden. Verspätet mal. Ordnung:

Urteile für die Leistungen: 1 = sehr gut; 2 = gut; 3 = genügend; 4 = nicht genügend.

Das Zeugnis ist beim Wiederbeginn des Unterrichts, am ........ von dem Erziehungsberechtigten unterschrieben, dem Klassenleiter vorzulegen.

*KLV Lager Wald*, den *15. Januar* 19*44*.

Ober-Studiendirektor                Klassenleiter

Gelesen: ........................
(Unterschrift)

Sdw. H. 26.

Vordruck für Gymnasien und Realanstalten.

Doku 1

# Luftwaffenoberhelfer

## PERSONALAUSWEIS NR. *1 1 2*

für den Lw.-Helfer: *Hasso Pacyna*

geboren am: *29. 4. 28* *(Vor- und Zuname)* zu: *Bln. - Steglitz*

Diensteintritt am: *26. 1. 44*

Haar: *braun* Augen: *blaugrau*

Besondere Kennzeichen:

*Narbe am Brustgrat*

*Hasso Pacyna*
(Vor- und Zuname.
Eigenhändige Unterschrift)

Alle militärischen und zivilen Dienststellen werden ersucht, dem Inhaber nötigenfalls Schutz und Hilfe zu gewähren.

Der Reichsminister der Luftfahrt und Oberbefehlshaber der Luftwaffe.

*10. 2. 44*
(Ort und Tag)

**Dienststelle L 44 756**
(Truppenteil)

*Unterschrift*
Oberleutnant u. Batteriechef
(Unterschrift und Dienstgrad des Vorgesetzten)

(Dienststempel)

(Zeitstempel)

| | | |
|---|---|---|
| **I** | 19 4 4 | **II** |
| | | |
| | 19 4 5. | |

*Doku 2*

## Bestimmungen

Den Personalausweis hat der Lw.-Helfer stets in seiner Rocktasche bei sich zu tragen. Aufbewahrung im Gepäck, im Quartier usw. ist unzulässig. Sorgsame Aufbewahrung liegt im eigenen Interesse des Lw.-Helfers.

Zu Eintragungen sind nur Dienststellen der Luftwaffe befugt. Eigenmächtige Änderungen sind verboten.

Der Verlust des Personalausweises ist von dem Lw.-Helfer ungesäumt dem Truppenteil oder der Dienststelle, bei der er sich gerade befindet, zu melden; die Ausstellung eines neuen Personalausweises ist zu erbitten.

*Doku 3*

# Treitschkeschule für Jungen
### Städtisches Reform-Realgymnasium und Oberrealschule, Berlin-Wilmersdorf

3. Trimester, Schuljahr 1943/44

**Klasse:** 6

# Zeugnis

Versetzt nach Klasse: 7

für *Hasso Paryna*

**Allgemeine Beurteilung:** *Er ist seit dem 26. I. 1944 als Luftwaffenhelfer im Kriegseinsatz.*

| Fach | | Note | Fach | Note |
|---|---|---|---|---|
| Religion | | | Chemie | befriedigend |
| Deutsch | mündlich / schriftlich | befriedigend | Naturgeschichte, Biologie | |
| Lateinisch | mündlich / schriftlich | befriedigend | Zeichnen | |
| Griechisch | mündlich / schriftlich | | Musik | |
| Französisch | mündlich / schriftlich | | Leibesübungen | |
| Englisch | mündlich / schriftlich | | Kurzschrift | |
| Geschichte | | gut | | |
| Erdkunde | | gut | | |
| Rechnen, Mathematik | mündlich / schriftlich | befriedigend | | |
| Physik | | befriedigend | Handschrift | |

**Bemerkungen:** —

____ versäumte Stunden. Verspätet ____ mal. Ordnung: — *befriedigend* *angemessen*

Urteile für die Leistungen: 1 = sehr gut; 2 = gut; 3 = befriedigend; 4 = nicht genügend. 5 = mangelhaft

Das Zeugnis ist beim Wiederbeginn des Unterrichts, am ____, von dem Erziehungsberechtigten unterschrieben, dem Klassenleiter vorzulegen.

Berlin-*Wilmersdorf*, den 30. II. 1944

i.V. *Dr. Groß* *Biedermann*
Ober-Studiendirektor / Klassenleiter

Gelesen: ____
Unterschrift

Jan. H. 26.
Mat. 110 76. @ Din A 4. — 110000. 12. 38.

Vordruck für Gymnasien und Realanstalten.

*Doku 4*

# IM NAMEN DES FÜHRERS
## UND OBERSTEN BEFEHLSHABERS
## DER WEHRMACHT
### VERLEIHE ICH
### DEM

Lw.Oberhelfer

Hasso  P a c y n a

### DAS
# KRIEGSVERDIENSTKREUZ
# 2. KLASSE
# MIT SCHWERTERN

BERLIN, DEN  5. Februar  1945

DER KOMMANDIERENDE GENERAL
UND BEFEHLSHABER IM LUFTGAU III

GENERAL DER FLAKARTILLERIE.

*Doku 5*

*Feldpostkarte mit der heroisierenden Darstellung des Kriegseinsatzes der Hitler-Jugend (HJ) als Luftwaffenhelfer, hier an einem 2,0 cm-Flakgeschütz. Diese erhielt der Luftwaffenhelfer Hasso Pacyna am 5. März 1944 von einem im Kinderlandverschickungslager Waly bei Kutno zurückgebliebenen Freund unter der Feldpostnummer L44756. Diese Feldpostnummer galt für meine ganze Einsatzzeit trotz verschiedener Stellungswechsel.*

*Doku 6*

**Treitschkeschule**
Oberschule für Jungen
Berlin-Wilmersdorf

# Abgangszeugnis

*Hans Pogne*

Sohn des _____ zu Berlin-Wilmersdorf, geboren den 29. April 1928 zu Berlin-Steglitz, Bekenntnisses, hat der Anstalt 6 Jahre, seit 1. Juli 1944 der Klasse 7 angehört. Er ist am 1. Juli 1944 nach Klasse 7 versetzt worden und verläßt die Anstalt, um _____

| I. Leibeserziehung: *) | | | III. Naturwissenschaft und Mathematik: | |
|---|---|---|---|---|
| Spiele | | Turnen | Biologie | |
| Leichtathletik | | Boxen | Chemie | |
| Schwimmen | | Rudern | Physik | |
| | Gesamturteil: | | Rechnen, Mathematik | |

| II. Deutschkunde: | | IV. Fremdsprachen: | |
|---|---|---|---|
| Deutsch | | Englisch | |
| Geschichte | | Lateinisch | |
| Erdkunde | | Griechisch | |
| Kunsterziehung | | | |
| Musik | | V. Arbeitsgemeinschaften: | |
| Handschrift | | | |

Allgemeine Beurteilung: _____

Bemerkungen: _____

Urteile für die Leistungen: 1 = sehr gut, 2 = gut, 3 = befriedigend, 4 = ausreichend, 5 = mangelhaft, 6 = ungenügend.
*) Die Noten 1—9 bedeuten kein Prädikat, sondern sind Ausdruck des „Schwierigkeitsgrades" der Leistung für die jeweilige Altersklasse.

Berlin, den 30. März 19 45

i.V. Dr. Groß
OBER-STUDIENDIREKTOR

Dr. Groß, Studienrat
KLASSENLEITER

*Doku 7*

123

Berlin-Wilmersdorf, d. *30. 1.* 1945

Dem Schüler *Hesso Pacyna* geb. *29. 4. 1928 in Berlin-Steglitz*
der *7* .Klasse der Treitschkeschule wird auf Grund seiner Einbe-
rufung zum Reichsarbeitsdienst und anschließendem Wehrdienst die
Bescheinigung ausgestellt, daß er zu dem Zeitpunkt, an dem er die
Reifeprüfung hätte ablegen können, den Reifevermerk erhält.
(Verfügung des Reichserziehungsministers v. 4.1.45, E III a 2555 W).

*W. Groß, Studienrat*
Betreuungslehrer

i.V. *W. Groß.*
Oberstudiendirektor

i.V. *Rox. 4s.*
Batteriechef

*Doku 8*

124

Betet

für den auf dem Felde der Ehre
gefallenen

Berufsschuldirektor

# Anton Rottmann.

Major und Rgts.-Kdr.

Inhaber des E.K. 1.und 2.Klasse und anderer Aus-
zeichnungen

geboren am 24. Juli 1891 zu Beckum,
gefallen am 27. April 1945 bei Wittenberg
(Elbe)

Seiner Familie ein treusorgender Vater,

Seinen Schülern ein wahrhafter Freund
und Erzieher,

Seinen Mitarbeitern ein edel und gerecht
denkender Kamerad.

Seinen Soldaten ein vorbildlicher Führer
bis in den Tod.

Für diese Welt ist er untergegangen, aber aufgegangen
in Christus. Wir weinen zwar, da wir umherschauen
und seine Liebe nicht mehr sehen. Doch danken wir
Gott, daß er unser war, mehr noch, daß er unser ist.
Denn alles lebt dem lieben Gott, und wer immer
heimkehrt zum Herrn, bleibt in der Gemeinschaft der
Familie und ist uns nur vorausgegangen.
(Hl. Hieronymus)

*Major der Reserve Anton Rottmann, Kommandeur der Schweren Flak-Abteilung 406, war wegen seiner stets korrekten, aufrechten Haltung und seiner freundlichen Art in seiner achten Batterie, die von Oberleutnant Rudolf Werner Förster (rechts im Bild) geleitet wurde, ganz algemein beliebt. Von uns Luftwaffenhelfern erhielt er deshalb den Spitznamen „Anthony", der durchaus anerkennend gemeint war und keinesweg despektierlich klingen sollte.*

*Doku 9*

*Doku 10*

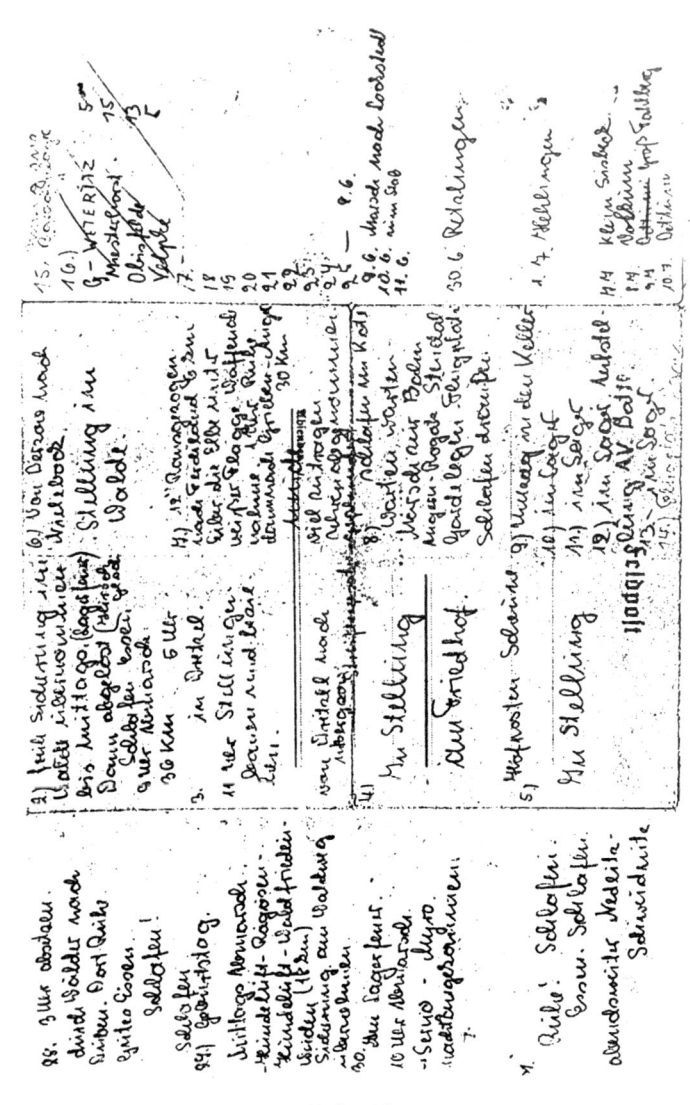

*Doku 11*

127

CERTIFICATE OF DISCHARGE
Entlassungschein

ALL ENTRIES WILL BE MADE IN BLOCK LATIN CAPITALS AND WILL BE MADE IN INK OR TYPE-SCRIPT.

PERSONAL PARTICULARS
Personalbeschreibung

Dieses Blatt muss in folgender weise ausgefüllt werden:
1. In lateinischer Druckschrift und in grossen Buchstaben.
2. Mit Tinte oder mit Schreibmaschine.

SURNAME OF HOLDER ...... PACYNA ......
Familienname des Inhabers

DATE OF BIRTH ...... 29.4.28 ......
Geburtsdatum (DAY/MONTH/YEAR
—Tag/Monat/Jahr)

CHRISTIAN NAMES ......... HASSO ......
Vornamen des Inhabers

PLACE OF BIRTH ...... BERLIN-STEGLITZ
Geburtsort

CIVIL OCCUPATION ...... SCHÜLER ......
Beruf oder Beschäftigung

FAMILY STATUS—SINGLE ...... ledig
Familienstand      MARRIED      Verheiratet
                   WIDOW(ER)    Verwitwet
                   DIVORCED     Geschieden

HOME ADDRESS Strasse ...... GARTENSTR. 1 ......
Heimatanschrift    Ort ...... HÖXTER ......
                   Kreis ......
                   Regierungsbezirk/Land
                   ...... MINDEN ......

NUMBER OF CHILDREN WHO ARE MINORS
Zahl der minderjährigen Kinder ...... KEINE

I HEREBY CERTIFY THAT TO THE BEST OF MY KNOWLEDGE AND BELIEF THE PARTICULARS GIVEN ABOVE ARE TRUE.
I ALSO CERTIFY THAT I HAVE READ AND UNDERSTOOD THE "INSTRUCTIONS TO PERSONNEL ON DISCHARGE" (CONTROL FORM D.1).
SIGNATURE OF HOLDER ......
Unterschrift des Inhabers

Ich erkläre hiermit, nach bestem Wissen und Gewissen, dass die obigen Angaben wahr sind.
Ich bestätige ausserdem dass ich die "Anweisung für Soldaten und Angehörige Militär-ähnlicher Organisationen" u.s.w. (Kontrollblatt D.1) gelesen und verstanden habe.

*Hasso Pacyna*

PACYNA

II
MEDICAL CERTIFICATE
Ärztlicher Befund

DISTINGUISHING MARKS ...... KEINE ......
Besondere Kennzeichen

DISABILITY, WITH DESCRIPTION ...... KEINE ......
Dienstunfähigkeit, mit Beschreibung

MEDICAL CATEGORY ...... ARBEITSFÄHIG ......
Tauglichkeitsgrad

I CERTIFY THAT TO THE BEST OF MY KNOWLEDGE AND BELIEF THE ABOVE PARTICULARS RELATING TO THE HOLDER ARE TRUE AND THAT HE IS NOT VERMINOUS OR SUFFERING FROM ANY INFECTIOUS OR CONTAGIOUS DISEASE.
SIGNATURE OF MEDICAL OFFICER ......
Unterschrift des Sanitätsoffiziers

Ich erkläre hiermit, nach bestem Wissen und Gewissen, dass die obigen Angaben wahr sind, dass der Inhaber ungezieferfrei ist und dass er keinerlei ansteckende oder übertragbar Krankheit hat.

NAME AND RANK OF MEDICAL OFFICER IN BLOCK LATIN CAPITALS ......
Zuname/Vorname/Dienstgrad des Sanitätsoffiziers
(In lateinischer Druckschrift und in grossen Buchstaben)

OBERSTABSARZT DR. SOMMER

P.T.O.
Bitte wenden

† DELETE THAT WHICH IS INAPPLICABLE
Nichtzutreffendes durchstreichen

PaB 2196 8.45 1000m

Doku 12

III

PARTICULARS OF DISCHARGE

Entlassungsvermerk

THE PERSON TO WHOM THE ABOVE PARTICULARS REFER
Die Person auf die sich obige Angaben beziehen

22.JULI1945

WAS DISCHARGED ON (Date) ...................................FROM THE* ...................HEER
wurde am (Datum der Entlassung)                            vom/von der*                    entlassen

| RIGHT THUMBPRINT Abdruck des rechten Daumen | CERTIFIED BY *J. P. Cohen* | OFFICIAL |
|---|---|---|
| | Beglaubigt durch  DETTUM | EMBOSSED SEAL |
| | NAME, RANK AND APPOINTMENT OF ALLIED DISCHARGING OFFICER IN BLOCK CAPITALS | P. COHEN, CAPT. B. A. |
| | | 25. D. C. U. (No. II. D. C. C.) |
| | | Amtlicher Einprägestempel |

* INSERT "ARMY", "NAVY", "AIR FORCE", "VOLKSSTURM"; OR PARA-MILITARY
ORGANIZATION, e.g. "R.A.D.", "N.S.F.K.", ETC.
Wehrmachtteil oder Gliederung der die Einheit angehört, z.B. "Heer", "Kriegsmarine",
"Luftwaffe", "Volkssturm", "Waffen SS", oder "R.A.D.", "N.S.F.K.", u.s.w.

Arbeitsamt Paderborn
Nebenstelle Höxter

Der Bürgermeister als
Ortspolizeibehörde der
Stadt Höxter
(Einwohnermeldeamt)
24. JULI 1945

Zur Beachtung!
Wird ab 78 Zut.-Periode in der Kartei
der Ernährungsstelle der Stadt Höxter geführt.
Bei Reisen oder beim Umzug erfolgt Ausgabe
der Lebensmittelkarten nur gegen Vorlage
einer Reise- oder Umzugsabmeldebestätigung.
Husemann

12146

Amt Höxter-Land

*Doku 13*

## Quellennachweis für Abbildungen

Die meisten Abbildungen wurden meinem privaten Foto-Album entnommen, wobei es sich überwiegend um eigene Aufnahmen und Aufnahmen von Luftwaffenhelfer-Kameraden handelt. Die Porträtaufnahme des Autors auf Seite 33 machte Foto-Meinen, Berlin. Neun Abbildungen stammen aus einem Buch des Militärhistorikers Jürgen Möller (siehe Nachwort), und zwar auf den Seiten 8, 10, 12, 13 (2), 50, 55, 91 und 121 (Anzeige). Die Luftaufnahme eines US-Aufklärers vom August 1944 auf Seite 44/45 gelangte über Gerhard Rose, Berlin, ehemaliger Wachtmeister bei der Flak, in meine Hände. Das Familien-Foto von 1947 auf Seite 105 wurde von einem Fotographen aus Höxter aufgenommen. Ulrich Pacyna, Herschbach, machte die Aufnahmen in der Wehrtechnischen Studien-Sammlung Koblenz-Lützel. Die Übersichtskarten sind Ausschnitte aus verschiedenen Atlanten, Landkarten und dem Stadtplan von Berlin.

Der Druckfehlerteufel ist
und bleibt ein hartnäckiger
Widersacher aller Schrift-
steller und Literaten. Trotz
noch so eifriger Bemühun-
gen der Autoren schlägt er
immer irgendwann, irgend-
wo, irgendwie einmal zu.
Hierfür vorab ein Pardon!